Urszula Kozioł
Jean-Pierre Lefèbvre
und Johannes Kühn

VOLL GEHEIMNIS – GANZ WIE DIE WELT

Begegnungen auf der Grenze
Rencontres à la frontière
Spotkania na granicy

Urszula Kozioł
Jean-Pierre Lefèbvre
Johannes Kühn

VOLL GEHEIMNIS – GANZ WIE DIE WELT
Polnisch/deutsch und französisch/deutsch

Gedichte

Herausgegeben und
mit einem Nachwort versehen
von Benno Rech

Heiderhoff Verlag

Die Deutsche Bibliothek –
CIP-Einheitsaufnahme

Urszula Kozioł, Jean-Pierre Lefèbvre
und Johannes Kühn:
Voll Geheimnis – ganz wie die Welt:
Gedichte;
Polnisch/deutsch und französisch/deutsch.

Herausgegeben und mit einem Nachwort versehen
von Benno Rech. –
Eisingen: Heiderhoff, 1998

ISBN 3-923547-75-7
NE: GT
Erste Auflage

Schrift: Times Ten Roman
Druck: Bliesdruckerei P. Jung GmbH
Bindung: Schwind, Trier
Printed in Germany

Urszula Kozioł

Dwie pory roku

Wiosną widzisz jak kolor staje się kolorem
jak wygłasza się rozgwar ptasich nut
i świetliścieje blask

te nasze barwne doznania te
śpieszne przechwytywania czegoś w biegu
na podobieństwo jaskółki łowiącej w locie
wysokolotne owady

ale gdzie się podziewa to główne
– niewiadomo co –
które sprawia
że nieruchomość zostaje wprawiona w ruch –

i zima
gdzie zima wtedy zimuje
gdzie mieszka zima?

Zima mieszka wtedy w wysokich górach
wiosną wcale nie idzie do morza
spławia krę nurtem potoków
a sama uchodzi w góry
pnie się hen na ich szczyty
lub gnieździ się w rozpadlinach
tężeje tam lodowacieje
aż nagle wyłania się swą najszerszą frazą
widnieje szronem na polach
bielą szronu przyzywa obłoki
by od nowa usłały świat bielą

Zwei Jahreszeiten

Im Frühling merkst du wie Farbe Farbe wird
überall Vogelstimmen erklingen
und das Licht leuchtend erstrahlt

diese unsere bunten Empfindungen dieses
eilige Auffangen von etwas im Vorbeigehen
wie eine Schwalbe die im Vorüberfliegen
hochschwirrende Insekten fängt

allerdings wo bleibt jenes ursächliche
– unbekannte Etwas –
das diese Starre
in Bewegung setzt –

und Winter
wo überwintert dann der Winter
wo wohnt der Winter?

Der Winter wohnt dann in hohen Bergen
im Frühling wandert er nicht ins Meer
Eisschollen schwemmt er die Bäche hinab
und er selbst entflieht in die Berge
erklettert ihre höchsten Gipfel
oder nistet dort in Spalten
eisigt sich ein
bis er in seiner großen Phrase über Nacht auftaucht
als Reif auf den Feldern
die Wolken herbeiruft mit weißem Reif
damit sie aufs neue die Welt weißbetten

– A kolor
gdzie wtedy zimuje kolor?

Kolor wtedy zimuje w kamieniu
kolor kwitnie w kamieniu pod ziemią.

– Und Farbe
wo überwintert dann die Farbe?

Die Farbe überwintert dann im Stein
die Farbe blüht im Stein unterirdisch.

Późna wiosna

Struna nocy napięta i chrapliwa
jak głos Armstronga śpiewającego Ramonę

tej nocy mam czarną skórę
tej nocy w moje stare ciało
wstępuje młoda dziewczyna
jaką kiedyś ja także byłam
i wybijając takt nogą
gnie się w palących rytmach

jakże znajome są mi dzisiaj
nietrwały jaśmin i róża
a nawet ekstatyczny szloch
skryty w gardle słowika

co było zapomniane
przypomina się w nagłym
jaskrawym błysku

noc sierpem księżyca dobywa na jaw
rzeczy zdawałoby się dawno stracone
i spowijając je drżącą mgiełką
spiesznie układa z powrotem
na dno kuferka pamięci
skąd przed chwilą zbiegły
przez szparę zacinającego się
wieka
które zwykło się zatrzaskiwać
jakby sobie samemu na przekór.

Später Frühling

Die Saite der Nacht gespannt und heiser
wie die Stimme Armstrongs der Ramona singt

in dieser Nacht ist meine Haut schwarz
in dieser Nacht wird mein alter Körper
heimgesucht vom jungen Mädchen
das ich einst auch war
und das den Takt mit dem Fuß schlagend
sich zu flammenden Rhythmen bog

wie vertraut sind mir heute
vergänglicher Jasmin die unbeständige Rose
und sogar das ekstatische Geschluchz
in der Nachtigallkehle verborgen

das was vergessen war
erinnert an sich im unerwarteten
grellen Blitz

mit der Mondsichel fördert die Nacht
scheinbar verlorene Dinge zutage
und hüllt sie in zitternde Nebelschleier
legt sie hastig zurück
auf den Boden des Gedächtniskoffers
aus dem sie geflohen sind
durch den Spalt im klemmenden
Deckel
der sonst doch eingeschnappt war
gleichsam sich selbst zum Trotz.

Wodne motywy

Już oddzielone są głoski od głoski
sylaby od sylaby już
pojedyncze litery
na niewymierną odległość
odbiegają od siebie

świat słowa (a więc twój świat)
rozprasza się rzednie

jednak spróbuj, tak
właśnie zrób to jeszcze raz
spróbuj na nowo zespolić je
związać –

To co dryfuje to co
podmienia tekst podstawia
literę w miejsce litery
sens na miejsce sensu

to co sprawia całe to przemieszanie
zamęt
co rozwadnia zapis
a z nim ciebie przeistacza
w aqua
w tę jakąś kolorową plamę
dośrodkowo spiralną
jak wir

co przeistacza ci byt
w swoistą akwarelę istności

w cały ten zamęt
czyżby było owym wyższym porządkiem?

Wassermotive

Schon Laute vom Laut getrennt
Silben von der Silbe schon
einzelne Buchstaben
entfernen sich voneinander
in unermeßliche Weite

die Welt des Wortes (also deine Welt)
zerstreut sich lichtet sich

doch wage das
noch einmal
versuche sie wieder zu einen
zu verbinden –

Das was driftet das was
den Text vertauscht schiebt vor
einen Buchstaben anstatt des Buchstabens
einen Sinn statt des Sinnes

das was die ganze Wirrnis verursacht
den Trubel
was das Geschriebene verdünnt
und zugleich dich verwandelt
in aqua
in einen bunten Fleck
zentripetal spiralförmig
wie ein Wirbel

das was dein Dasein verwandelt
in ein unvergleichbares Aquarell des Seins

in den ganzen Trubel
wäre dies jene höhere Ordnung?

W deszczu

siódmego lipca o siódmej po południu
zaczynam umierać
     – nie przerywaj sobie
to jeszcze potrwa czas jakiś

w deszczowe popołudnie
pory roku krzyżują się ze sobą
gdyby nie gazeta z dzisiejszą datą
nie zgadłbyś: wiosna to czy jesień

deszcz na parapecie wystukuje staccato
upływających godzin
     – nie, nie przerywaj sobie

szary kolor gołębi w zupełności mi dogadza
w szare popołudnie pomieszanych pór roku
w godzinie kiedy zaczynam umierać

tak, tak, to się właśnie zaczęło
ale naturalnie potrwa czas jakiś
może całe lata
     więc nie przerywaj sobie

powiedz: o czym właściwie mówimy
ku czemu zwracamy się z tą zamazującą świat nitką
deszczu
jak kapką u nosa czy w oku łzą
z powodu których
     – wszystkich razem wziętych –
głowa szuka kryjówki bodaj w tych słowach wiersza
jak w postawionym na sztorc
szorstkim kołnierzu.

Im Regen

am siebten Juli um sieben Uhr nachmittags
beginne ich zu sterben
        – laß dich nicht stören
es wird noch etwas dauern

am regnerischen Nachmittag
kreuzen sich Jahreszeiten
gäbe es nicht die Zeitung mit dem heutigen Datum
wüßtest du es nicht: Ist das der Frühling oder der Herbst

der Regen trommelt auf der Brüstung staccato
die vergehenden Stunden
        – nein, laß dich nicht stören

das Grau der Tauben kommt mir sehr gelegen
am grauen Nachmittag der sich vermischenden Jahreszeiten
in der Stunde in der ich zu sterben beginne

ja, ja, es hat schon angefangen
aber selbstverständlich wird es noch andauern
vielleicht ganze Jahre
        also laß dich nicht stören

sag mal: Wovon reden wir eigentlich
wohin wenden wir uns mit dieser Regensträhne die die
Welt verschleiert
wie mit einem Tropfen an der Nase oder einer Träne im Auge
ihretwegen
        – wegen ihnen allen –
sucht das Haupt ein Versteck wenigstens in diesen
Worten des Gedichts
wie im hochgeschlagenen rauhen Kragen.

Z rozmów o deszczu

Ta zwykła
ta mała kropla deszczu
na twojej otwartej dłoni

nie z tej godziny i nie z tego nieba
nie z tej rzeki
nie z tamtego światła
nie chmurę ma za sobą ale odyseję.

Ilu beczkom obręczom pazurkom
ilu kurzym łapkom czasu
wywinęła się
z ilu oddechów
w istnym salto mortale uskoczyła w ostatnim
momencie do lustra
ile przewędrowała światów od korzenia po chmurę
od komina po kamień
w jakie z czym wchodziła związki
rozłąki
podawana z ust do ust
ileż to wyroków
wymazywało ją już nieodwołalnie z powieřzchni
w jakich przeistoczeniach
mimo to ocalała cudownie z niejednego morza
katastrof.

Wieczny tułacz jest od niej młodszy o miliardy lat.
Syzyf zwilżał nią wargi.
Wraz z potem Prometeusza zbiegła ze skały.
Tułała się z Odysem.
Była wieprzem u Kirke i kwiatem molly.
Nie zna swojej Itaki.

Aus den Gesprächen über den Regen

Dieser gewöhnliche
dieser kleine Regentropfen
auf deiner offenen Hand

der nicht von dieser Stunde
und nicht von diesem Himmel
diesem Licht ist
läßt nicht eine Wolke sondern eine Odyssee zurück.

Wie vielen Fässern, Bändern, Krallen
wie vielen Krähenfüßen der Zeit
ist er entschlüpft
aus wie vielen Atmungen
sprang er in letzter Minute den Salto zum Spiegel
durch wie viele Welten wanderte er von der Wurzel zur
Wolke
vom Schornstein zum Stein
welche Verbindungen ging er ein
Trennungen
von Mund zu Mund gereicht
wie viele Urteile tilgten ihn unwiderruflich
und alledem zum Trotz
in welchen Umwandlungen
entkam er wundersam manch einem
Katastrophenmeer.

Der ewige Wanderer ist um Milliarden Jahre jünger als er.
Sisyphus benetzte mit ihm seine Lippen.
Mit dem Schweiß des Prometheus rann er den Fels hinab.
Mit Odysseus irrte er umher.
Er war Circes Eber und das Kraut Moly.
Sein Ithaka kennt er nicht.

Nie zna Penelopy.
Być może zna anonimową łzę jakiegoś dziecka
być może wyruszyła na pustynię po wodę dla niego
ale ją zabito.
W ogóle rozstrzeliwano ją kilka razy
to tu to tam.
Trudno jej wszystko spamiętać.

Mogła być kroplą która przebrała miarę.
Niewykluczone że od niej jednej zależało kiedyś
czy ilość przejdzie w jakość.
Może to właśnie ją przelewano z pustego w próżne.

Wiele razy uratowała –
nie uratowała nikogo.
Wiele razy dobiegła –
nie dobiegła do tych czy tamtych warg
do tych czy tamtych korzeni.
Ugasiła –
nie ugasiła niczego.
A może to nie była ona.
Może była wtedy zaledwie motylem lub jaskółką
rybą czy chrabąszczem
lub zalążkiem jeszcze innego pragnienia wschodziła na
kraty
czyjegoś uwięzienia.

Ta mała zwykła kropla deszczu
tak czy owak zasłużyła na marmurowy sarkofag
na swoją piramidę
lub przynajmniej na osobną gablotę w pierwszym
muzeum świata.

Penelope kennt er nicht.
Vielleicht kennt er eine anonyme Kindesträne
vielleicht ging er in die Wüste Wasser für das Kind zu holen
doch wurde er getötet.
Überhaupt hat man ihn hundertmal versprüht
hier und da.
Er kann sich schwer alles merken.

Er könnte der Tropfen sein, der das Faß zum Überlaufen brachte.
Nicht ausgeschlossen, daß es einst an ihm lag
daß Quantität in Qualität umschlug.
Vielleicht hat man ihn aus der Leere ins Vakuum umgegossen.

Vielmals rettete er –
hat niemanden gerettet.
Vielmals erreichte er –
hat nicht erreicht diese oder jene Lippen
diese oder jene Wurzeln.
Er löschte –
hat nichts gelöscht.
Vielleicht war es nicht er.
Vielleicht war er damals nur ein Falter oder eine Schwalbe
ein Fisch oder Maikäfer
oder als Keim eines anderen Durstes kletterte er auf das
Gitter
des Kerkers von irgendwem.

Der kleine einfache Regentropfen
verdiente sowieso einen marmornen Sarkophag
eine eigene Pyramide
oder zumindest eine eigene Vitrine im bedeutendsten
Museum der Welt.

Ważysz ją w ręku
kładziesz jej wielką niczyjość na swoje wargi
jak świętą pieczęć.

Pod jej obronę
uciekniesz się w godzinę suszy.

Du wiegst ihn in der Hand
legst sein großes Niemandgehören auf deine Lippen
wie das heilige Siegel.

In seinen Schutz
wirst du dich empfehlen in der Stunde der Hitze.

Znakiem wody

A mnie porównaj z deltą.
Mało wiem o morzu.
Znam wędrówkę od źródła aż po jego ujście.
Łączę ląd z oceanem i płynność ze stałym.
Ani lądy znam, ani znam morskie otchłanie.

Płynne wody w podłożu drążą stały kamień,
żłobią w gruncie zawiłe łożysko dla strugi,
rwący nurt wiąże prądy,
ja dając im upust
odbieram pogłos lasu i szelesty trawy.

Dalej jest Niewiadome.
Gdzie się to zaczyna?
W którym miejscu strumienia urywa się wątek?
Kryształ odlądnych źródeł kto solą przecina?
W czym jest koniec wędrówki albo jej początek?

Ujściem jestem do morza czy od morza biegiem?
Słodkie żwiry odwodzą mnie w słoneczne brzegi,
ale gdy mnie potrąci słone skrzydło mewy,
jednam się z mego morza ciemnym przeznaczeniem.

Czym jestem trwając płynnie w Pomiędzy niestałym?
Moich brzegów ruchoma osuwa się lawa.
– Stała w ciągłym pragnieniu,
prądom spodziewana,
przemijalność swą czuję w cudzym przemijaniu.

Im Zeichen des Wassers

Vergleiche mich mit dem Delta.
Von der See weiß ich wenig.
Die Reise kenne ich vom Quell bis zur Mündung.
Verbinde Land und Weltmeer, das Flüssige und Feste.
Doch weder Länder kenne ich noch Meerestiefen.

Fließendes Wasser nagt am festen Fels,
meißelt dem Rinnsal ein gewundenes Bett,
reißende Flut gebiert Ströme,
ich öffne ihnen Wehre
vernehme Waldesecho und des Grases Raunen.

Weiter das Unbekannte.
Wo nimmt es seinen Anfang?
An welcher Stelle reißt des Baches Leitband?
Wer schneidet mit dem Salz ablandigen Kristallquell?
Wo ist der Reise Ursprung, wo ist ihr Ausklang?

Bin ich der Ströme Mündung oder die Flut vom Meer?
Süße Kiesel entführen mich zu Sonnenküsten,
doch wenn die Möwenschwingen mich salzig berühren,
werde ich eins mit dem dunklen Schicksal meiner See.

Was bin ich flüssig weilend im wankenden Dazwischen?
Lava gleitet den Hang meiner Ufer hinab.
– Fest im ewigen Durst,
erwartet von Strömungen,
empfind ich mein Vergänglichsein im fremden Vergehn.

Ruleta

Wargi tylekroć całowane już nie są wargami
są szczątkiem szczątków

zgasła źrenica nie wdaje się z tobą w wymianę spojrzeń
nie potrafi słać ci porozumiewawczych błysków
nie rejestruje niczego
nie zdolna pełnić żadnych funkcji
jest szczątkiem szczątków

dokąd uleciało to coś
co poruszało figlarnie rzęsę
i grzywkę na czole
co wprawiało w falowanie piersi
i sprowadzało rumieniec na twarz
a twoje myśli wybłyskiwały pod chmury i wyżej?

Les jeux sont faits
rien ne va plus!

Te palce które widzisz już nie są palcami
ani im w głowie
przebiec po klawiaturze
albo łobuzersko dać komu sójkę w bok

i nazbyt trudno wyobrazić sobie
ich pieszczoty
lub bodaj niecierpliwy gest
z jakim odgarną niesforny lok z czoła

ich linie papilarne stają się teraz martwą literą

Das Roulette

Vielfach geküßte Lippen sind keine Lippen mehr
sind Überrest der Überreste

erloschenes Auge kreuzt mit dir keine Blicke
kann nicht mehr vielsagend blinzeln
es registriert nichts
hat keine Funktion mehr
ist Überrest der Überreste

wohin ist jenes Etwas weggeflogen
das die Wimpern
und den Pony auf der Stirn neckisch bewegte
die Brust wogen und das Gesicht erröten ließ
während deine Gedanken zu Wolken empor und noch
höher blitzten?

Les jeux sont faits
rien ne va plus!

Die Finger die du siehst sind keine Finger mehr
sie denken nicht daran
über Klaviertasten zu fliegen
oder schalkhaft jemanden zu stupsen

es ist mühsam sich ihre Liebkosung
vorzustellen
oder zumindest ihre unwirsche Geste
mit der sie eine widerspenstige Haarlocke zur Seite streichen

ihre Papillarlinien werden jetzt zum Buchstaben

bliżej są prawa niż życiowych spraw
trumna do szczątków pasuje jak ulał
zresztą sama wygląda jak jakiś paragraf.

Les jeux sont faits
rien ne va plus!

sie sind näher dem Gesetz als dem Leben
der Sarg paßt den Überresten wie angegossen
auch er gleicht einem toten Paragraphen.

Les jeux sont faits
rien ne va plus!

Z rozmów o gwieździe

Nasz organizm przyswaja z powietrza nicość
ona wypiera z nas światło
ona z tego światła wiąże nam gwiazdę nad głową
ona przeciąga tę gwiazdę na swoją stronę.

Oddalasz się moja gwiazdo ode mnie
w stronę czerwieni
nikniesz w dalekości czerwieni
tylko twój śpiew coraz bardziej obcy
dobiega mnie w pogłosie światła.

Szczelnie zwarci z drobiną liścia z kroplą kamienia
zatamowani sobą wryci
w zaspę godziny tchu
chciwie patrzymy w niebo.

Tyle miejsca
tyle miejsca tam w górze nad nami
cały ogrom nieba niczyj
– a więc może i do nas należy –
w ten ogrom nieba
mozolnie
wypromieniowujemy z siebie swój blask.

Tam w górze
cząsteczki życia i śmierci szybują w przestrzeniach
świecą
zamieniają się miejscami
świecą

Aus den Gesprächen über den Stern

Unser Körper eignet sich das Nichts an aus der Luft
das aus uns Licht verdrängt
das aus dem Licht einen Stern über unserem Kopf gebiert
das den Stern auf seine Seite zieht.

Du entfernst dich von mir mein Stern
ins Rot
vergehst in der fernen Röte
nur dein mir fremder werdender Gesang
erreicht mich im Nachhall des Lichtes.

Dicht gedrängt an ein Blattstückchen an einen Steintropfen
eingedämmt von uns selbst, versunken
in die Düne der Atemstunde
schauen wir begierig in den Himmel.

So viel Platz
so viel Platz da oben über uns
das Riesenreich des Himmels keinem zugehörig
– also vielleicht gehört es uns –
in dieses Himmelausmaß
strahlen
wir mühsam unseren Glanz.

Dort oben
segeln in den Lüften Teilchen des Lebens und des Todes
leuchten
tauschen die Plätze
leuchten

tam w górze
światy rzeczywiste i fikcyjne
są
jedne i drugie
widoczne jak na dłoni
są
oprócz tej jednej gwiazdy
właśnie o tej
która teraz dopiero dryfuje w pustkę
na przestrzał mojego serca.

Oddalasz się moja gwiazdo ode mnie
w stronę czerwieni
nikniesz w dalekości czerwieni
tylko twój śpiew coraz bardziej obcy
dobiega mnie w pogłosie światła.

1972

dort oben
sind
reale und fiktive Welten
diese und jene
wie auf der Hand liegend
sind
bis auf den einen Stern
eben den
der erst jetzt abdriftet in die Leere
direkt durch mein Herz.

Du entfernst dich von mir mein Stern
ins Rot
vergehst in der fernen Röte
nur dein mir fremder werdender Gesang
erreicht mich im Nachhall des Lichtes.

1972

Zlodowaciałe w perspektywie wspomnienia
zastygłe
do niedawna jeszcze żywe
obrysowane zapachem, kolorem
dziejącej się ongiś chwili
lub dojmujące przeżytym bólem

nagle obce
wystudzone
jakby to komuś a nie mnie się zdarzyło
i jakby zostało opowiedziane
przez kogoś

takie tam zdawkowe
wspomnienia-nie-wspomnienia
które ważą tyle
co zeszłoroczny śnieg

– więc to jest starość?

Eisige Erinnerungen in der Entfernung
erstarrt
bis vor kurzem noch lebendig
umhüllt in Geruch und Farbe
der Weile die einst geschah
oder aber bohrend wie ein erlittener Schmerz

auf einmal sind sie fremd
erkaltet
als wären sie einem andern passiert
und als hätte mir ein anderer davon
erzählt

irgendwelche nichtssagende
Erinnerungen – Nicht-Erinnerungen
die soviel wiegen
wie der Schnee von gestern

– ist das also das Alter?

Niczym Odys

Nie krzyw się zbędnym floresom
moich niektórych wierszy

w ich gęste runo
ukrywam nagie i bezbronne „ja"
kiedy niczym Odysowi, co pod brzuchem owiec
uchodził z mrocznej jaskini
przyjdzie uchodzić i mnie

z jaskini bytu strzeżonej teraz i wtedy
przez nieubłaganego Cyklopa

w jakże niepewną
– bo któż o niej co wie? –
przestrzeń po tamtej stronie doczesności.

Odysseus gleich

Bekrittle nicht entbehrliche Schnörkel
in manchen meiner Gedichte

in ihrem dichten Vlies
verberg ich mein nacktes und hilfloses „Ich"
Odysseus gleich, der unter dem Bauch des Widders
der dunklen Höhle entkam
wenn auch ich fliehen werde

aus der Höhle des Daseins heute wie damals
vom herzlosen Zyklopen bewacht

in welch ungewisse
– wer weiß schon was über sie? –
Welt jenseits des Irdischen.

Monolog Kirke

Skoro raczej ociągasz się niż spieszysz
ze swym powrotem

skoro tak okrężnymi drogami
zdążasz podobno w progi domu
choć w istocie oddalasz się
i oddalasz

a ona ani nie potrafiła
zatrzymać cię ani
teraz przynaglać
byś ku niej pospieszał

czy aby na pewno
– tak prując szyjąc i prując –
ona pragnie mężczyzny

czy nie woli zwodzić
frygida
(bo leciwa zbyt
by ją zwać nimfetką)

jakże mi dziwna
ta przysłowiowa wierność jej
czy też przebiegłość

tak szyć i pruć by znów
w ręcznej robótce się schronić
przed pieszczotą mężczyzny

Circes Selbstgespräch

Da du eher zögerst als dich beeilst
mit deiner Rückkehr

auf Umwegen angeblich
den heimischen Herd anstrebst
wiewohl du dich in Wahrheit von ihm entfernst
und entfernst

und sie konnte dich weder
aufhalten noch
jetzt antreiben
damit du zu ihr eilst

braucht sie wirklich
– die nähende und trennende –
einen Mann

oder möchte sie täuschen
sie die Frigide
(zu bejahrt
um sie mannstoll zu nennen)

seltsam mutet mich an
ihre sprichwörtliche Treue
oder vielmehr Verschlagenheit

nähen und trennen um abermals
sich in der Handarbeit zu verstecken
vor der Liebkosung eines Mannes

przedkładać chłód czystego płótna
nad zmiętą pościel lepką
od jakże słodkich soków miłosnych uniesień

lecz i ty zali nie jesteś
także dziwny

takiś niby zmyślny
przebiegły
a kiedy
odsłoniłam prawdziwe oblicze
twych druhów

ich utajony pod maską obłudy
ryj pospolity
czemuż
nie czarodziejkę swoją we mnie
widzisz
a jakąś wiedźmę bez mała

nie kobietę płonącą z żaru uczuć
tylko –
kto tu złośliwszy niecny
kto

gdybym istotnie była wiedźmą przecież
już byś się stał –

ale ty nie słuchasz
szukasz wybiegów wymówek
wciąż te parole parole parole
wreszcie przejrzałam cię
ha, nie próbuj przeczyć

die Kühle eines frischen Leinens
dem zerknüllten Bettzeug klebrig
von süßen Säften der Liebeswonne vorzuziehen

doch auch du
bist du nicht seltsam

bist doch so einfallsreich
gerissen
und doch als ich
das wahre Antlitz deiner Freunde
enthüllte

ihren unter der Maske der Heuchelei versteckten
gemeinen Rüssel
warum
sahst du
nicht deine Zauberin in mir
sondern eine Hexe beinah

nicht eine Frau in Leidenschaft entflammt
sondern –
wer ist hier boshafter, niederträchtiger
wer

wenn ich tatsächlich ein Hexenweib wäre
schon wärest du –

doch du hörst nicht zu
suchst Ausflüchte, Ausreden
immer diese Floskeln Floskeln Floskeln
endlich hab ich dich durchschaut
versuch's nicht zu bestreiten

jakże tobie wygodnie z tą Penelopą w tle
która szyje i pruje
i rzekomo czeka –

tak tak tak
    jakże wygodnie
odgrywać rolę wiernego małżonka
który się głowi poza tym
jakby tu nie być z nią razem
czym by się odgrodzić

gotów nawet wszcząć wojnę byle czmychnąć
z łoża
ach te parole parole parole
doprawdy
ładna z was para
dobrana
ale jużem przejrzałą cię
nie próbuj przeczyć
ty nie potrafisz kochać

co najwyżej
umiesz zatracać się w czczej gadaninie

piękne słówka o tak tak
w tym jesteś mocny

Bogowie
czy ta noc się już nigdy nie skończy
mam tu się sama do świtu
z boku na bok przewracać
bez zmrużenia powiek

wie bequem ist's für dich mit dieser Penelope im Hintergrund
die näht und trennt
und angeblich wartet –

ja ja ja
      wie bequem
ist die Rolle des treuen Gatten
der sich ansonsten den Kopf darüber zerbricht
wie man ohne sie bleiben
wie sich abschirmen kann

er ist sogar bereit einen Krieg anzuzetteln um aus dem
Bett zu flüchten
ach diese Floskeln Floskeln Floskeln
wirklich
ein schönes Paar seid ihr
ein passendes
doch ich hab dich durchschaut
versuch's nicht zu bestreiten
du kannst nicht lieben

höchstens
kannst du dich im leeren Geschwätz verstecken

schöne Worte o ja ja
darin bist du stark

Götter
wird diese Nacht nie enden
soll ich hier alleine bis zum Morgengrauen
mich von einer Seite auf die andere wälzen
ohne die Augen zu schließen

podczas gdy ciemność dyszy od spazmów słowika
i oszałamia bezlik ziół swą wonią
te cząbry, mięta szalej i duszne goździki –

Już z przewróconej burty nocy
cikną zorze
z ich pozłotą mieni się róż i seledyny
a ja tu nadal sama z palącą udręką

gdybym swymi ustami dziś dotknęła skał
pewno by trysło z nich źródło

z błysku źrenic
zdolna byłabym skrzesać jasny grom

tylko jednego głazu poruszyć nie zdołam
tego w twej piersi

ależ nie nie dlaczego
ależ skąd
nikt cię gwałtem nie trzyma tutaj
cudzoziemcze
jedź proszę wracaj do swojej Itaki
skoro taka twa wola

to coś wziął za mą łzę jest rosą z róży
witając ranek
wtuliłam twarz w jej płatki dla ochłody
        ale spójrz jak się miota morze
jak zrywa się wiatr

trzeba ci będzie podróż odłożyć do jutra.

X 95/II 96

44

während die Dunkelheit keucht vor Nachtigallengeschluchz
und unzählige Kräuter mich mit ihrem Duft betören
Kölle, Minze, Schierling und sinnliche Nelken –

Aus dem gekenterten Bord der Nacht
rinnt schon die Morgenröte
rosa und seladon schillert ihr Glanz
und ich nach wie vor allein mit brennender Pein

würde ich heute Felsen mit dem Mund berühren
ein Quell würde ihnen entspringen

aus dem Blitz der Augen
könnte ich hellen Donner schlagen

nur einen Fels kann ich nicht versetzen
den in deiner Brust

aber nein nein warum
woher denn
niemand hält dich hier mit Gewalt
Fremdling
fahre bitte kehre zurück nach deinem Ithaka
wenn's dein Wille ist

was du für meine Träne hieltest war Tau von einer Rose
als ich den Tag begrüßte
versenkte ich zur Kühlung mein Gesicht in ihre Blüte
        doch schau wie das Meer tobt
wie der Wind aufsteht

die Reise mußt du wohl auf morgen vertagen.

X 95/II 96

W polu wielorakich figur

W polu z jasnym kwadratem przy bocznej krawędzi
– zbłąkany jeździec –
roztrącasz białe pionki owiec

niebo z epoki Merowingów
z brył nieforemnych obłoków
próżno buduje obwarowanie przed blaskiem

w upale
czas nie upływa
w upale czas rozmazuje się jak zegarki Dalego
i przelewa poza swój własny kontur

z drobnych odprysków skał
wyłuskujesz ziarnka mitów
rozsianych szczodrze w tej glebie
i w mroku lasów Bretanii

tropisz ślady menhirów które uszły ku morzu
by sterczeć nad brzegiem jak wiersz
co w pół słowa zamarł na końcu języka

i już czujesz obecność wielkich figur
które tamują ci ruchy
jakbyś znalazła się także w ich zaklętym kręgu

żadna stąd wieża strofy
        nie spieszy aby trwać przy tobie w potrzebie
ni laufer zdalnych znaczeń
        nie sforsuje tych zatrzaśniętych bram

Im Feld vielfältiger Figuren

Im Feld mit dem hellen Viereck am Rande
– verirrter Reiter –
zerstreust du Schafe weiße Spielsteine

der Himmel aus Merowingerzeit
baut vergebens mit formlosen Wolkenkörpern
eine Schanze vor dem Licht

in der Hitze
fließt die Zeit nicht
in der Hitze zerfließt die Zeit wie Dalis Uhren
und quillt über den eigenen Umriß

aus kleinen Felssplittern
klaubst du Mythossamen
freigebig ausgesät auf diesem Boden
im Walddunkel der Bretagne

du liest die Fährten der Menhire, die zum Meer hin entkamen
um am Ufer zu ragen wie ein Gedicht
mitten im Wort auf der Zunge erstorben

und schon spürst du das Dasein der großen Figuren
die deine Schachzüge verhindern
als ob du in ihrem Bann wärest

kein Strophenturm
        eilt in Notzeiten dir zur Seite
kein Läufer der Fernbedeutung
        erstürmt die zugeworfenen Tore

podjęta niegdyś partia ze światem i czasem
pozostaje więc nadal
nie rozegrana.

Château Pruniers 1993

die Partie einst gegen Welt und Zeit aufgenommen
bleibt also weiterhin
unentschieden.

Château Pruniers 1993

Ta róża
która właśnie zakwitła w ogrodzie
nie zna żadnych o sobie sonetów
ani tej ody Ronsarda
(mignonne, allons voir si la rose
qui ce matin avoit desclose
sa robe de pourpre...)
ani nie wie kim on był

nie dba o rym wpisany do kunsztownej strofy
ale wie
że jest różą.

Zrazu duka niewprawnie swój pąk
dyga
duka znów
dyga

a potem coraz płynniej
odgina płatek za płatkiem
odgina zapach
i oblewa się pąsem
składając raptem coś na kształt:
    mignonne...

Teraz już wyraziście
sadowi się w podwojonym kwadracie
a-bb-a   a-bb-a

Die Rose
die eben im Garten erblühte
kennt keine Sonette über sich
noch die Ode Ronsards
(mignonne, allons voir si la rose
qui ce matin avoit desclose
sa robe de pourpre...)
noch weiß sie wer er war

sie verschmäht den Reim der kunstvollen Strophe
doch weiß sie
sie ist eine Rose.

Anfangs stottert sie ungeschickt ihre Knospen
knickst
stottert wieder
knickst

und dann immer flüssiger
enthüllt sie das Blütenblatt eins nach dem anderen
enthüllt den Duft
und erglüht
wie sie auf einmal zusammenbringt irgend etwas wie:
        mignonne...

Ausdrucksvoll
setzt sie sich jetzt im verdoppelten Viereck
a-bb-a   a-bb-a

dookreśla swoisty trójkąt
(koronę)
z łuku *cdc*
(wraz z jego lustrzanym odbiciem)

napina ten łuk

napina

wypuszcza strzałę –
i utrafia w samo sedno tej chwili.

zeichnet das eigenartige Dreieck
(die Krone)
vom Bogen *cdc*
(mit seinem gespiegelten Abbild)

spannt den Bogen

spannt

läßt den Pfeil los –
und trifft den Kern dieses Augenblicks.

Z wieczoru autorskiego

„Słuchając takich wierszy proszę zachować spokój
zawsze jest jeszcze wyjście zapasowe
a nawet jeśli na to jest za późno
proszę nie wpadać w panikę
zapiąć pasy siąść prosto
i starać się patrzeć przed siebie".

(Tę instrukcję podrzucił mi na spotkaniu autorskim
w „czarnym salonie" Stanisław P.
pilot-poeta, który na niejedno zwykł spoglądać z góry
a przy tym nie upadać na duchu).

A właśnie luty miał się ku końcowi
za oknem niepowstrzymanie galopowało przedwiośnie
– coś w tym jest – myślałam patrząc na własne wiersze
jak na nagłą i niespodziewaną katastrofę
nie do odwrócenia

i myślałam – co ja właściwie tu robię –
samej sobie pomachałam zatem białą chusteczką
(higieniczną zresztą)
która niczym niesprawny spadochron
płasko i z wahaniem sfruwała pod stół
zahaczając desperacko o moje kolana.

Die Autorenlesung

„Wenn Sie solche Gedichte hören bewahren Sie bitte Ruhe
es gibt immer noch einen Fluchtweg
und wenn es dafür zu spät ist
bitte geraten Sie nicht in Panik
legen Sie den Sicherheitsgurt an setzen Sie sich aufrecht
und bemühen Sie sich nach vorne zu schauen".

(Diese Anweisung warf mir auf einem Autorentreffen
im „schwarzen Salon" Stanislaw P. zu
Dichterpilot, der schon manches von oben
zu betrachten pflegte, ohne dabei den Mut zu verlieren).

Eben neigte sich der Februar dem Ende
unaufhaltsam galoppierte hinter dem Fenster das Frühjahr
– es ist etwas Wahres dran – dachte ich auf eigene Gedichte schauend
wie auf eine plötzliche unerwartete
nicht aufzuhaltende Katastrophe

und ich dachte – was will ich hier eigentlich –
also winkte ich mir zum Abschied mit einem weißen Taschentuch
(mit einem Kosmetiktuch übrigens)
das wie ein schadhafter Fallschirm
flach und zögerlich unter den Tisch segelte
und verzweifelt meine Knie berührte.

Na początku nie było słowa
na początku był najwyżej jego początek

jaka głoska
litera
która święta sylaba –

Co poprzedza słowo co
ciebie poprzedza
ekstaza namysł
gest
ciemne narzecze pod naskórkiem mowy –

Po takiej kresce jaka
kreska
po takim słowie jakie słowo
proch jaki po takim prochu –

zbliża się wschodzi od nowa
chwila tamta najpierwsza
gdy magma świata musi ulec w końcu
przemocy słowa
i kiedy nic
musi się stać jako coś –

(powiedzmy:
świat jako ty
lub jako ja teraz
tutaj).

1966

Am Anfang war kein Wort
am Anfang war höchstens sein Anfang

welcher Laut
Buchstabe
welche heilige Silbe –

Was geht dem Wort voran was
geht dir voran
Verzückung Überlegung
Geste
dunkle Mundart unter der Haut der Sprache –

Nach solchem Strich welcher
Strich
nach solchem Wort welches Wort
was für ein Staub nach solchem Staub –

es kommt es erscheint wieder
dieser urerste Augenblick
wenn das Weltmagma schließlich
der Gewalt des Wortes erliegen muß
und wenn aus nichts
etwas werden muß –

(wollen wir sagen:
Welt aus dir
oder mir jetzt
und da).

1966

Puch ostów

nic mnie nie dźwiga
na niczym nie wesprę ręki
że to a to jest moje

żaden żuk
żadne źdźbło trawy
nie nosi mego imienia

pył który przylgnie do mych żeber
nie zgadnie że ja to ja

z niczym tu przyszłam
i odejdę z niczym
i wkrótce będzie jakby mnie nie było

jednakże jeszcze dziś
– czy tylko dziś? –
rozpoznaję jako moje te strofy
które wystukuje w ostach za oknem
szczygieł

i ostrożnie wnoszę w pamięć
kroplę deszczu
jak najcenniejsze nasionko
trwałego słowa.

Distelflaum

nichts trägt mich
die Hand hat keinen Halt
in dem was mir gehört

kein Käfer
kein Grashalm
trägt meinen Namen

der Staub der an meinen Rippen klebt
wird nicht erraten daß ich ich bin

ich kam hier an mit nichts
und mit nichts werd ich gehn
und bald wird es so sein als ob es mich gar nicht gegeben hätte

doch heute noch
– nur heute? –
erkenne ich die Strophen als die meinen an
die vor dem Fenster
ein Stieglitz in die Disteln trommelt

behutsam trage ich ins Gedächtnis
einen Regentropfen
wie den kostbaren Samen
eines beständigen Wortes.

Motto 2.

może ten wiersz
jest kaprysem Boga
który ukrył swój sekret
pod nietrwałym nalotem barw
na skrzydle motyla

wiem, że moja ojczysta mowa
przetrwa jeszcze ledwo parę pokoleń

potem słowa moje wrócą do łupiny
albo wsiąkną od spodu
w zwycięskie słoje tej mowy
która przebije się na powierzchnię

kiedyś
jakiś łowca osobliwości
wychwyci je siatką na chwilę

– cóż to za kaprys – powie
wsączyć tyle migotliwych pyłów
znaczeń
w coś równie nietrwałego
jak ten dziwaczny zapis.

Motto 2

dieses Gedicht
ist vielleicht eine Laune Gottes
der sein Geheimnis verbarg
unter vergänglicher bunter Patina
auf einem Schmetterlingsflügel

ich weiß, meine Muttersprache
wird lediglich einige Generationen bestehen

danach werden meine Worte zur Schale zurückkehren
oder die Ringe jener Sprache
unterwandern
die dann die Oberfläche beherrscht

irgendwann
wird sie ein Raritätenjäger
in seinem Netz vorübergehend fangen

– was ist das für eine Laune – wird er sagen
so viele Bedeutungen
schimmernder Staub gestreut
in etwas so Unbeständiges
wie diese kuriose Skizze.

W odwrocie

Coraz więcej przestaje mi się
zdarzać

to i to w każdym razie
już mi się nie zdarzy

to i to już nie będzie doznane
odczute zapamiętane

coraz częściej w lukę po tym co niebyłe
wślizguje się natarczywe
     – pamiętasz?
A czy jeszcze pamiętasz? –

Kto jakże mi drogi
właśnie odpływa na statku w nieznane
podczas gdy ja
na tym brzegu pozostała
podnoszę chusteczkę do oczu.

1996

Im Rückzug

Immer öfter geschieht mir
nichts mehr

jedenfalls dies und dies
wird mir nicht mehr passieren

dies und dies wird nicht mehr verspürt
empfunden gemerkt

in die Lücke nach dem Nichtgewesenen
schlüpft das eindringliche
            – Erinnerstdudich?
Kannst du dich noch erinnern? –

Jemand der mir so lieb ist
fährt ins Unbekannte davon auf dem Schiff
während ich
zurückbleibe am Ufer
das Taschentuch an den Augen.

1996

Jean-Pierre Lefèbvre

Hareng

Hareng j'aime ton dos brillant
et gris et ta grasse pelisse
et tes petits yeux si marrants
qui nous guettaient de la coulisse

Tu fus le dur temps féodal
beurre viande ou confiture
salé fumé ou en bocal
bonheur dessus les fouasses dures

Lorsque Thomas le grand sceptique
vit qu'il allait toucher le port
il voulut pour tout viatique
le doux fumet d'un hareng saur

Hareng gué ou plein de laitances
qui repeuplaient nos verts couillons
on ne vous trouve plus en France
au grand dam de nos court-bouillons

Dans les grands hivers qui viendront
tu seras figure mythique
de graves chercheurs trouveront
qu'on te trouvait dans la Baltique

Hareng le plus simple de tous
dont sont tissus nos ossements
qu'on donnait aux enfants qui toussent
à l'heure des derniers tourments

Hering

Ich mag deinen glänzenden Rücken
den grauen und fetten Küraß
Die Äuglein lustig blicken
bespähn aus tiefstem Naß

Du warst für uns Namenlose
die Butter, das Fleisch in der Not
gesalzen, geselcht, aus der Dose
das Glück auf dem Fladenbrot

Der ungläubige Thomas verfügte
zum Hafen sich, treu nach dem Buch
Zur letzten Wegzehrung genügte
des Bücklings milder Geruch

Ach Hering, leer oder voll Rogen
der Hoden Auffrischkur
aus Frankreich fortgezogen
ein Pech für die Fischfondkultur

In einem künftigen Winter
wirst du zur Mythengestalt
Die Forscher kommen dahinter
die Ostsee – dein Aufenthalt

Aus dir – dem einfachsten von allen
gewoben ist unser Gebein
den hustenden Kindern zu geben
zur letzten Stunde der Pein

Je demande qu'on m'incinère
puis me jette dans les courants
nourrir la mer nourricière
et vous mes frères d'antan

Mein Leichnam gehört in die Flamme
die Asche ins Meer, wenn du meinst
zu nähren die See, meine Amme
und meine Brüder von einst

Ce sera un siècle où il fit si froid sans même les deux faces de Philippe Sollers pour adoucir les espaces interstellaires que les eaux du Gange se figèrent que les limons durciront autour des pieds brunâtres des dévotions des millions d'hommes resteront dans le fleuve et soutiendront le ciel marron de leurs membres catatoniques les verdures tropiques furent confites

ils partirent chacun d'une aurore boréale qui ne dura que le bang muet d'un départ ils patinèrent à la vitesse des révolutions du globe aplati encore sous le coup des déflagrations un œil satellisé les croira immobile ils descendirent les veines bleues de ce visage un rayon plus glacial que celui de Tyndall éclatera dans la rétine du nuage un coup de rein les lancera dans un ordre indifférent sur le miroir blanc des océans les filets souples du langage ne s'enfoncèrent plus dans l'eau verte comme au temps des végétations ils se verront à l'horizon crurent voir voler quelque image ils firent des boucles de boucles au fond des baies au nez des caps il passait d'étranges sillages dans l'espace froid des regards les glaces ne renverront plus d'images ils se virent enfin expirer dans l'arctique général quelques buées qui seront les notes des premières mesures ils partirent autour de ces sons tracèrent un horizon de blanches sinueuses leurs regards se rencontraient parfois un air un tout petit air traçait le fil de leurs parcours ils oublieront le centre du détour ils firent des boucles au fond des baies au nez des caps un sentiment imperceptible fit grincer les ressacs gelés ils se chercheront dans les banquises et leurs ombres sur les bancs se parlaient d'étranges poissons et d'arbres fleuris comme des chansons ils crient mer quand vas-tu te vider de ce sel qui brûle nos plantes

Das wird ein Jahrhundert sein in dem es so kalt war selbst
ohne die zwei Gesichter von Philippe Sollers den Kosmos zu
kühlen daß die Wasser des Ganges erstarrten und der Lehm
um die braunen Füße gefriert die Inbrunst der Millionen von
Menschen wird verbleiben im Fluß und sie werden stützen
den braunen Himmel mit ihren katatonischen Gliedern das
Grüne der Tropen wurde verdampft

sie gingen weg jeder von einem Nordlicht aus das nicht
länger dauerte als der stumme Knall eines Starts unter
schlagenden Wettern glitten sie dahin mit der Geschwindig-
keit von Revolutionen wie sie der abgeflachte Erdball erlebt
hat fürs Satellitenauge werden sie stillsteh'n sie fuhren die
blauen Venen dieses Antlitzes hinunter ein Strahl eisiger als
der Tyndalls wird in der Netzhaut der Wolke zerbersten ein
Lendenstoß wird sie willkürlich schleudern auf den weißen
Spiegel der Ozeane die geschmeidigen Netze der Sprache
sanken nicht mehr ins grüne Wasser wie zur Zeit der
Vegetation sie werden sich selbst am Horizont sehen
nachdem sie glaubten manch fliegendes Bild zu erhaschen
vor den Nasen der Kaps zogen sie Schleifen aus Schleifen in
den Tiefen der Buchten sie drückten bizarre Rillen in den
kalten Raum der Blicke das Eis wird keine Bilder mehr
spiegeln sie sahen sich schließlich in der alles bedeckenden
Arktis einige Nebelschwaden hauchen als Noten der ersten
Takte sie gingen hin und zogen um die Klänge herum weiße
Wellenhorizonte ihre Blicke begegneten sich manchmal zog
eine Weise eine winzige Weise die Spur ihrer Wege sie
werden die Mitte des Umwegs vergessen sie zogen Schleifen
am Grunde der Buchten vor den Nasen der Kaps eine
Ahnung ließ die gefrorene Brandung knirschen sie werden
sich suchen im Packeis und ihre Schatten erzählen einander
auf Bänken von bizarren Fischen und blühenden Bäumen
wie Lieder so schreien sie Meer wann wäschst du das Salz
aus das unsere Sohlen versengt

La petite vieille du quarante

La petite vieille du quarante
Est partie faire un somme au bois
Ça m'étonnerait qu'elle rentre
Encore alors qu'il fait si froid

La petite vieille du quarante
Est morte d'on ne sait trop quoi
Du machin qu'elle avait au ventre
Ou d'un truc qu'on ne voyait pas

Le facteur savait seul son nom
Et ses trois prénoms d'avant-guerre
Mais d'avoir bu trop de canons
Il roupille en un cimetière

Hier un grand bulldozer têtu
A rasé sa pauvre maison
A six heures mémoire s'est tue
Ça m'a brouillé tout l'horizon

Die alte Frau aus Nummer vierzig

Die alte Frau aus Nummer vierzig
Ist fort zum Schlafen in den Wald
Ein Wunder wäre, wenn sie wieder
Zurückkäm, doch es ist so kalt

Die alte Frau aus Nummer vierzig
Sie starb, wer weiß wie das geschah
An einem Dings in ihrem Bauche
An einem, das man gar nicht sah

Der Postmann kannte ihre Namen
Es waren drei von vor dem Krieg
Er hat zu viel zur Brust genommen
davon er auf dem Friedhof liegt

Erst gestern hat die Abrißbirne
Ihr armes Häuschen plattgetrimmt
Um sechs verstummte das Gedächtnis
Mein Horizont im Dunst verschwimmt

Les rats d'Arcueil

Il est mort en banlieue
mort dans une maison
mais dans une misère
et dans une raison
que vous demanderez à Jean Wiener

on a trouvé dans son pucier
des dièses tordus et des bécarres
piquants comme les barbelés des camps
des croches pointues
des chansons entendues
dans ses rêves
dans les cris des souris prises
ou les vues de courettes grises

merci Satie
pour le pastis

Die Ratten von Arcueil

Er ist in der Vorstadt gestorben
gestorben in einem Haus
aber dennoch im Elend
und einem Zustand
den euch Jean Wiener erklären kann

in seiner Flohkiste fand man
verdrehte Kreuze und ihre Auflösungszeichen
stechend wie der Stacheldraht der Lager
spitzige Achtelnoten
Lieder die er gehört
in seinen Träumen
in den Schreien gefangener Mäuse
oder beim Anblick grauer Höfe

danke Satie
für den Pastis

Gonzague à minuit

à minuit commence le culte
derrière un paravent de Satie
gonzague l'écouteur occulte
décroche parle officie

les gens viennent dire en cachette
aux millions d'entendeurs dans leur lit
à des pompistes qui s'embêtent
aux couples qui continuent leurs coïts

des choses parfois insipides
souvent tristes ou histoires de fous
dont l'auditeur cultivé dévide
le fil unique autour de nous

dans le cocon des confidences
nous pensions bien nous endormir
mon oreille était sans méfiance
des mots sans le regard peuvent-ils faire souffrir

une cocotte a dit qu'elle aimait ses oiseaux
puis un enfant tout haut rêvé
de mourir dans une automobile
un vieux buveur a dit du mal du vin nouveau
puis un curé du bien des mauvais larrons de nos villes
mais je voudrais ici gonzague si je peux te dire
encore combien fortement je me souviens
de l'enfant de dix ans ou douze dont les reins
marchaient si mal qu'il aurait dû sans doute se maudire

Gonzague um Mitternacht

um Mitternacht beginnt der Kult
in Klänge von Satie gehüllt
Gonzague unsichtbarer Hörer
nimmt ab spricht zelebriert

es kommen Leute heimlich zu erzählen
Millionen hören in den Betten
Tankwarte die vor Langweil gähnen
und Menschen die sich unablässig paaren

teils abgeschmackte Dinge
oft traurig-alberne Geschichten
der kluge Hörer wickelt
den einz'gen Faden um uns ab

umhüllt von den Geständnissen
gedachten wir wohl einzuschlafen
kein Argwohn überfiel mein Ohr
denn können Wörter ohne Blicke Wunden schlagen

ein Flittchen sagt sie liebe ihre Vögel
dann spricht ein Kind im Traum
von seinem Tod im Auto
ein alter Trinker schmäht den neuen Wein
ein Pfarrer lobt die Diebe unsrer Städte
Gonzague aber wenn ich dirs jetzt sagen darf
wie haargenau ich mich erinnern kann
an jenes Kind von zehn zwölf Jahren dessen Nieren
so miserabel waren daß es wirklich hätte sich verfluchen sollen

et qui t'en souviens-tu dans la nuit grésillante des ondes
a fait chanter pour tous l'espèce de lumière gaie
que donne le savoir et d'avoir aussi tôt revu le bout du monde
ah gonzague bon zigue as-tu comme nous tous alors
un peu pleuré?

erinnerst du dich wer im Wellenknistern einer Nacht
für alle so ein frohes Licht erklingen ließ
vom Wissen kommt es und davon daß augenblicks
das Ende unsrer Welt wir sehen
Gonzague ach mein Guter sag hast du da nicht
ein bißchen auch mit uns geweint?

If

Oh le mauve et guignol archevêque à pompons
pétants comme grenades au ciel recrucifié
mais c'est que général kaki te suit
sous l'ongle terreux des décombres.
Oh médailles briques et guillotines à se mirer
l'escarboucle
des faciès réanimés
ô pacotilles, broutilles, ô passez vétilles

et toi directeur à complet veston souriant
moderne et la main sur l'épaule
des enfants de chefs et sous-chefs
et sachant se shooter quand il faut
et dire amen aux kyrie à la Art Blakey
toi par qui les médiations arrivent sur la terre
et qui tiens au chaud des lapins les ventres toujours
féconds
des coloniaux immondices
oh toi sourire de glaise,
toi pas oublier révolte mau-mau, moi en tous cas pas,
ma balle est pour le milieu de ton front.

sanctus, sanctus, sanctus
jacule la mitraillette usurpée
aux accessoires du royaume elisa
sur un air du temps: c'est du free

O Jérémy chant 2, versets 20 à 35
écoute
la vieille dame assise au bordel atlantique
raide empalée sur la tamise, elle a
versé
un nuage de sang dans son thé

If

O der lilafarbene hanswurstige Erzbischof mit den
furzenden Bommeln
wie Granaten am wiedergekreuzigten Himmel
Doch der kakigrüne General verfolgt dich
unter die erdigen Nägel im Schutt.
O Orden Backsteine und Guillotinen zum Bespiegeln
des Karfunkels
wiederbelebter Gesichter
o Kram, Schund, Plunder verschwinde

und du lächelnder Direktor im Sakko
flott und die Hand auf der Schulter
der Kinder von Ober- und Unterchefs
wenn's drauf ankommt setz du dir auch mal 'nen Schuß
sag ja und amen zu den Kyries à la Art Blakey
du großer Vermittler auf Erden
du der geile Böcke hält – der Schoß ist fruchtbar noch
aus dem sie kriechen
die kolonialen Sauereien
o du Lehmlächeln,
du nix vergessen Mau-Mau-Aufstand,
meine Kugel ist für die Mitte deiner Stirn bestimmt.

sanctus, sanctus, sanctus
spritzt das geklaute Maschinengewehr
aus der Requisitenkammer des Reiches Elisa
zur Musik der Zeit: free.

O Jeremias Kapitel II, Vers 20 bis 35
hör
die alte Dame sie hockt steif am atlantischen Puff
auf die Themse gepfählt, sie hat
eine Wolke Blut
in ihren Tee gegossen

A Wimereux blanc balnéaire
Vieux dentier donnant sur la mer
Que bouffent déchausse et carie
J'ai vu non loin de la rivière
Un obus vert comme la vie

De Vinh Linh la ville sous terre
Où l'on court, mange et rit assis
J'ai vu sortir deux miliciennes
Les seins cachés par un fusil

Dans Paris sous mille bannières
Mille soleils saluent la pluie

In Wimereux dem badeortweißen
Altes Zahnriff ragend ins Meer
Zerfressen verwaschen zernagt
Hier hab ich nicht weit vom Fluß
Eine Bombe gesehen wie Leben grün

Aus Vinh Linh der Maulwurfstadt
Hockend läuft man da, ißt und lacht
Hab ich zwei Kämpferinnen kriechen sehen
Das Gewehr vor den Brüsten

In Paris unter tausend Fahnen
Tausend Sonnen grüßen den Regen

Anatole

à la violence du temps présent Anatole
je vais te dire,
je vais te dire mon poing sur la gueule Anatole,
même si c'est moi qu'aurai mal aux doigts
même si tu m'en refiles pour deux trois semaines de
thanatothèque
à l'ombre des ursules.

Anatole, à ta poussière de vent froid qui fait gerber
dans les ruelles,
aux bagnoles qui te rasent au cul à déclencher des
tremblements,
aux fientes d'alcool dru jactées sur les étrons de
cardors à pépère
aux huissiers qui déboulent aux étages protégés par
des cache-cols en képis

à l'autre connard embaumé, la momiterasurranée qui
promet pour Noël
qu'on boira le sang frais de nos petits gars,
au bouffi moustachu,
au hamster de fer de feu,
au déluge de sable qui va venir boucher les gicleurs,
je vous énonce
mon panard tordu dans les burnes de votre blême

avant qu'on en vienne Anatole à ces extrémités
j'aimerais savoir le zigue qui tient le miroir
où j'ai vu ton nom ce matin
dans les yeux d'un type qu' je connais bien.

Anatol

Auf die Gewalt der heutigen Zeit, Anatol,
ich sag dir,
ich sag dir, die Faust in die Fresse, Anatol,
auch wenn mir dann die Finger wehtun,
auch wenn du mir zwei, drei Wochen
Thanatothek
im Schatten der weißen Schwestern bescherst.

Anatol, auf deinen kalten Staubwind, der in den
Gassen zum Kotzen bringt,
auf die Autos, die dir den Arsch rasieren, daß du
das Zittern kriegst,
auf über Herrchenpudelhaufen gegrölte Säuferkacke,
auf die Gerichtsvollzieher mit Nackenschutz in
Uniform, die bis in bewachte
Wohnblocks drängen.

Auf den andren einbalsamierten Wichser, die Mumiterranze,
die uns zur Weihnacht
Becher frischen Blutes uns'rer Jungs verspricht,
auf den schnauzbärtigen Schwellkopf,
auf den Hamster aus Eisen und Feuer,
auf den Wüstensturm, der die Pumpe verstopft.
Ich kündige euch an,
meinen krummen Fuß in eure blassen Eier.

Doch bevor es, Anatol, soweit kommen soll,
möchte ich entlarven, die Type da, die den Spiegel hält,
worin ich heut vormittag deinen Namen sah,
in den Augen eines Kerls, den ich nur zu gut kenne.

La Commune n'est pas morte
(télévision)

La vieille en tordant son maigre
Cou et poussant
Sa tête déjà relissée vers le difficile haut
Et les doigts crochetant mobiles
L'accoudoir luisant voire
Le haut incertain de la roue
Du char qui la fera passer
Sur l'autre trottoir sans soleil
D'oncques repasseramerons

Rechanta pour le cadreur
L'inoublié temps des cerises

Die Kommune ist nicht tot
(Fernsehen)

Nachdem die Alte
ihren mageren Hals gedreht
Ihren schon an schwierige Höhe gefesselten Kopf gereckt
Sie mit flattrigen Fingern
Nach der speckigen Armlehne
Ja der verschwimmenden Radhöhe des Karrens gegriffen
Der sie auf den anderen Gehsteig bringen wird
Dort wo keine Sonne mehr scheint
Jenseits und Niewiederkehr

Sang sie noch einmal für den Kameramann
Das unvergessene Lied von der Kirschenzeit

Karl Marx Blues

Braves gens fatigués écoutez ma complainte de nègre
Écoutez les redites amères du Maure de Maitland Park
Il y a cent ans et bientôt plus encore que je traîne
Notre misère dans vos livres, vos villes, vos destinées,
vos chants
Pourtant croyez pas braves gens croyez pas que je suis le
roi des méchants.

Je suis bien Karl je suis bien Marx
je suis l'Imam de Grand Satan
A la barbe rouge et l'œil noir de feu
J'ai volé sa barrette au Diable et m'en suis peigné les
cheveux.
Eh oui, je m'appelle bien carambolage
Mon nom c'est ces deux semelles fourchues
Karl est ma langue souple et puis un grand échafaudage
Et Marx un juron juif de Christ fichu.

Écoutez laissez-moi finir ma phrase
Je suis le zombie de Méphisto
Le Hollandais Volant et le savant volage
Le Père Noël encore des damnés du boulot.

J'avais trois filles et des enfants morts et quelques femmes
Une surtout qui s'appelait Jenny que j'aimais tant
Un frère deux amis cinq ou six camarades
Je crois pourtant que j'ai surtout voulu l'amour des gens
Des gens des courées et des gens des rues
Ceux qui sont pendus aux machines des voleurs de temps
Les enfants usés et sans chaussures, les canuts, les insultés
des grands du monde.

Karl-Marx-Blues

Ihr lieben müden Leut' hört meine Niggerklage
Hört nur die bittre Litanei des Mohren von Maitland Park
Seit hundert Jahren und bald mehr schlepp' ich
Unser Elend durch eure Bücher, unsre Städte, euer Schicksal,
eure Lieder
Aber glaubt nur nicht, ihr lieben Leut', daß ich König der
Bösewichte bin.

Ich bin der Karl ich bin der Marx
Ich bin der Imam des Großen Widersachers
Mit rotem Bart und schwarzen Feueraugen
Ich hab' dem Teufel die Haarspange gestohlen und mich damit
gekämmt.
Aber ja ich heiße Karl Ambolage
Mein Name sind diese beiden Spaltklauen
Karl ist meine wendige Zunge und ein großes Baugerüst dazu
Und Marx ein jüdisches Schimpfwort des kaputten Christus.

Hört zu laßt mich doch ausreden
Ich bin Mephistos Zombie
Ich bin der fliegende Holländer und der flatterhafte Gelehrte
Und auch der Weihnachtsmann für die Verdammten der Schufterei.

Drei Töchter hatte ich und tote Kinder und einige Frauen
Vor allem eine die Jenny hieß die ich so sehr liebte
Einen Bruder zwei Freunde fünf oder sechs Kameraden
Ich glaube dennoch, daß ich vor allem die Liebe der Leute wollte
von den Leuten der Hinterhöfe und der Straßen
Die an den Maschinen der Zeitdiebe hängen
Die verbrauchten barfüßigen Kinder, die Weber,
die Verschmähten der Großen unserer Welt.

Et les femmes prises dans la ronde
Du temps perdu du temps mordu du temps des fabriques
Du temps.

Écoutez laissez-moi terminer mon message
Je suis le zombie de Babo
Je suis Achab j'ai survécu à son naufrage
Je suis la Reine de Saba des métallos.

J'ai noirci pour vous des milliers de pages
Et même chipé les cahiers des enfants
Usé mes yeux, foutu ma vie si chère
Pour dire à tous les causes de votre misère
Vous pouvez m'écouter encore mon fantôme sage
Frères je vous redis en vérité le capital
Est un menteur superbe.

Le roi le maître s'il en fut des menteurs maîtres en mentcrie
Rusé qui crie toujours au loup sa vérité truquée des prix
Et l'ordre des choses au fond des mines
Et: pas besoin de beurre sur toutes les tartines
Et: vive encore et toujours vive la raison du plus fort
Et les grands impératifs de la mécanique
Et que les meneurs de grève doivent être pendus ou bien
s'agenouiller
Et tous ses bons droits par-dessus tout ça
Et que la corruption est moins terrible que la mort.

Écoutez je voudrais terminer mon voyage
Dire à Charon qu'il peut amarrer son bateau
Mais pas avant la fin du blues du fond des âges
Du grand blues de Karl Marx par le Big Bang Prolo.

Und die Frauen gefangen im Kreis
Der verlorenen Zeit der angefressenen Zeit der Fabrikzeit
Der Zeit.

Hört ich bin noch nicht fertig mit meiner Botschaft
Ich bin Babos Zombie
Ich bin Achab und hab' seinen Schiffbruch überlebt
Ich bin die Königin von Saba der Metaller.

Ich habe tausende von Seiten für euch geschwärzt
Und sogar Kindern Hefte geklaut
Meine Augen verdorben und futsch mein so teures Leben
Um bei allen die Ursache eures Elends vorzubringen
Ihr könnt mir immer noch zuhören meinem weisen Gespenst
Brüder ich sag' euch in Wahrheit ist das Kapital
Ein großartiger Lügner.

Der König der Meister der Lügner Lügenmeister
Listig malt er den Teufel die verfälschte Wahrheit über
Preise an die Wand
Und die Ordnung der Dinge drunten im Schacht
Und nicht jedes Brot braucht Butter
Und es lebe immer wieder das Recht des Stärkeren
Und die großen Zwänge der Mechanik
Und die Streikführer an den Galgen oder in die Knie
Und all sein gutes Recht darüber
Und Liederlichkeit ist weniger schrecklich als der Tod.

Hört ich möchte meine Reise beenden
Und dem Charon sagen daß er sein Boot festmachen kann
Aber nicht vorm Ende des Blues' aus uralten Zeiten
Des großen Karl-Marx-Blues durch den Proleten-Big-Bang.

Écoutez pas les racontars du Pape'-z-et des rois
Ni tous ceux qui vous disent qu'ils vous parlent pour moi
Écoutez le grand chant de la terre qui proteste
Mettez les écouteurs sur le cœur de votre vie
La bombe a du retard mais elle fait toujours tic tac
à votre porte
Les voleurs de temps
Les voleurs de vie
N'ont jamais tant pillé sur la planète.
Quand vous serez fourbus et penserez qu'il faut que cela cesse
Dites à tous les vôtres, dites même à vos maîtres
Que vous m'avez vu rigoler dans les nuages
Que je suis toujours là et travaille encore dans les caves
Et que j'écris toujours des contes pour tous nos enfants.

Pour les enfants de tous les âges
Le beau conte infini des temps nouveaux
Du bon temps qu'on boit comme un frais breuvage
En chantant le Blues du Dernier Carbonaro.

Hört nicht auf das Geschwätz von Papst und Königen
Auch nicht auf jene die behaupten in meinem Namen zu sprechen
Hört auf das große Lied der rebellierenden Erde
Setzt dem Herzen eures Lebens Hörer auf
Die Bombe hat Verspätung doch tickt sie immer noch
an eurer Tür
Die Zeitdiebe
Die Lebensdiebe
Haben auf unserem Planeten geplündert wie noch nie
Wenn ihr zerschlagen seid und denkt jetzt Schluß damit
Sagt euresgleichen und selbst euren Herren
Daß ihr mich in den Wolken habt feixen sehen
Daß ich immer noch da bin und in den Kellern arbeite
Und noch immer Geschichten schreibe für all unsre Kinder.

Für Kinder jeden Alters
Die schöne unendliche Geschichte der neuen Zeit
Der guten Zeit die man wie einen frischen Trunk genießt
Und dazu den Blues des Letzten Carbonaro singt.

Colomb

Les marins sont couchés au fond des caravelles
Ils rêvent, ou boivent ou prient. L'océan maintenant
Leur fait peur, il est immense et flasque, et noir, ils pensent
Qu'ils ne reverront plus jamais les rivages d'avant.

A peine si de l'une à l'autre on voit les feux
allumés aux cinquets des barques minuscules
et si l'on reconnaît la Peinte ou la Petite,
Le jour quand l'air prend feu dans la hune penchante.

Colomb ne les regarde pas, il a les yeux
perdus dans les milliards d'étoiles insolentes
qui toujours l'ont remis dans la ligne d'un port:
il refait ses calculs, il songe à ce qu'il veut.

Demain quand sonnera la cloche du gruau, et qu'ils diront
plus durement encore qu'à l'ordinaire à Dieu merci,
Il sait qu'à l'horizon vide de leur prière
Ils viendront murmurer près de lui, et sans doute

Qu'ils feront balancer son gîte, comme hier, et même tâcheront
Que le plus ivre d'eux le pousse dans l'eau glabre.
O Colombo, porteur d'hommes, ô Christophoro,
Leur diras-tu ce que tu sais, leur diras-tu le pire.

Le pire qui n'est pas que tu les as trompés dans le compte des lieues
parcourues, et que tu ne sais pas toi-même où l'on va.
Leur diras-tu pourquoi tu n'as pas enrôlé de prêtre
à ton bord, et qui sont ces douze marins de plus qui savent

Kolumbus

Es schlafen die Matrosen im Bauch der Karavellen.
Sie träumen, trinken, beten: Jetzt schürt der Ozean,
der riesig, träge, finster, die Angst, wobei sie denken,
daß sie die früheren Ufer nie wieder schauen werden.

Von einer ist zur andern das Feuer kaum zu sichten,
das auf den kleinen Booten hell angezündet ist –
und kaum mehr zu erkennen die Bunte oder Kleine,
sobald die Luft des Tages im Mastkorb Feuer fängt.

Kolumbus sieht sie nicht, schaut wie im Traum verloren
in die unendlichen Milliarden dreister Sterne,
die immer ihm die Richtung nach einem Hafen wiesen
berechnet Ziel und Wege, denkt daran, was er will.

Und morgen, wenn die Glocke zur Grützesuppe ruft
und sie noch bitterböser als sonst dem Herrgott danken,
dann weiß er, daß sie murren am Saum der Himmelslinie,
von ihren Bitten leer – und ganz bestimmt wie gestern

an seinem Lager rütteln und dem Betrunkensten
womöglich Beine machen, ins Wasser ihn zu stoßen.
Kolumbus, Menschenträger, o du Christophorus,
sag ihnen, was du weißt, und sag' das Allerschlimmste.

Es ist das Schlimmste nicht, daß du beim Meilenzählen
sie hintergangen hast und selbst den Weg nicht weißt.
Gesteh, warum kein Priester an Bord gekommen ist,
und wer die zwölf überzähligen Matrosen sind,

qu'ils partent pour un long exode sans retour?
O Colombo, porteur d'hommes, ô Christophoro,
maintenant que ta barbe est grise et qu'ont pâli tes yeux azurs
Qui faisaient trembler d'amour fou les castillanes,

Leur diras-tu qu'ils sont partis ensemble au paradis cruel
des assassins détruire le poème lent des temps
et gaver d'or brûlant l'usure du vieux monde
et les cours dont tu sais que les rois sont déments.

O Colombo, porteur d'hommes, ô Christophoro,
Un jour ils fêteront ton départ de prophète
on fera rouler des tonneaux sur ton ossuaire,
je voudrais que tu resurgisses et marches sur les flots

Et leur dises en ton dense idiome de poète
obstiné qu'ils n'avaient pas compris les mots de ton entêtement,
Que lorsque tu les vis les Indes merveilleuses
Venir à toi dans l'aube humide et vague

Comme des animaux marins lourds d'amitié
Puis de nouveau lorsque tu fus dans la chaloupe,
Un grand amour du monde t'a soudain abruti
et jeté sur le banc, un grand remords, et qu'aujourd'hui

Tu dirais aux marins, rentrons Dieu ne veut plus
Que nous touchions ces terres avant longtemps,
Nous attendrons qu'un jour ces indiens nous adviennent
Et nous leur offrirons des roses et des chants.

die, kaum auf See, schon wissen vom Auszug ohne Rückkehr!
Kolumbus, Menschenträger, o du Christophorus,
jetzt, da dein Bart ergraut, dein blaues Aug' geblichen,
das alle Sinne raubte den Kastillianerinnen,

sag, daß sie auf dem Weg sind ins böse Paradies
der Mörder, zu zerstören das Lehrgedicht der Zeit,
mit glühndem Gold den Wucher der alten Welt zu mästen,
die Höfe, deren Herrscher vom Wahn besessen sind.

Kolumbus, Menschenträger, o du Christophorus,
sie feiern eines Tages den Aufbruch der Propheten.
Es werden Fässer rollen über dein Grab hinweg
Du solltest auferstehn und auf den Fluten gehn

und störrischer Poet, in deiner dichten Sprache
kundtun, daß sie kein Wort aus deinem Kopf verstanden,
daß du, als du die Inseln des zauberhaften Indien,
die näherrücken, schautest im feuchten, vagen Frühlicht

wie Tiere aus dem Meer, die schwer von Freundschaft sind,
und als du später wieder in der Schaluppe standest,
von einer großen Liebe zur Welt geknüppelt wurdest,
und auf die Bank gestreckt von den Gewissensbissen

den Leuten sagen würdest: Kehrt um, Gott will nicht mehr,
daß wir dies Land berühren auf lange Zeit hinaus.
Wir warten auf den Tag, bis diese Inder kommen,
auf daß wir sie beschenken mit Rosen und mit Liedern.

26 novembre 1996
16 h 25

(pendant une conférence de H. H. sur
«la traduction sous contrainte»)

un jour au coin du bois des terreurs enfantines
allongé sur le sol griffé de ronce obscure
et m'adressant au ciel, à la bleuité pure,
au virulent éther oint de thérébentine

j'arrimerai deux trois stratonimbus de mots
qui ferront aux vivants d'en-bas des langues sures
et de vilains bobos sous leurs guimpes de bures
qui pourriront dans l'ombre douce des jabots

un ange alors issu du goinfre aux yeux de pomme
verdi sous le coutil éclaté des Génois
voudra sans rien trahir s'exiler des abois

et les dieux palanqués, sourds de se voir en hommes,
viendront quêter ici l'obole éléphantine,
les brins de rue du sens surgi des tiges dures

16 h 34

26. November 1996
16.25 Uhr

(Bei einem Vortrag von H. H. zum Thema
„Übersetzung unter Zwang")

Es wird am Waldrand sein der Kinderschreckenszeit,
am Boden ausgestreckt, von dunklem Dorn zerschunden,
dem Himmel zugewandt, dem reinen Blau verbunden,
dem Äther, ätzendscharf, mit Terpentin geweiht.

Dort schichte ich alsbald Gewölk zu Wörterhaufen,
wovon der unten lebt, die saure Zunge kriegt
und schlimme Ungemach, die unterm Wollschal piekt,
um dann im Schattensumpf des Halstuchs zu ersaufen.

Ein Engel, der entsproß dem Vielfraß mit dem Apfelauge,
unter geborstnem Drilch der Genueser grün,
will ohne Schuft zu sein, sich aus der Klemme ziehn.

Die Götter, aufgehißt und taub den Engelszungen,
erbetteln, hergeeilt, den Obolus aus Elfenbein,
den Rautenhalm des Sinns, aus hartem Stiel entsprungen.

16.34 Uhr

Sol si bémol ré

J'ai fait sol si bémol ré
C'est une harmonie sacrée
J'ai fait do mi bémol la
J'avais l'accord de l'au-delà

J'ai fait le fa dièse des grandes montagnes
Un la sur le cœur des bergers
Un do dièse pour les campagnes
Des musiciens guerriers

Puis un sol si ré sol de chorale
Avec un bleu clair mi d'été
Puis les octaves des funérailles
Huit doigts sur l'éternité

J'avais l'accord de l'au-delà
J'ai fait do mi bémol la
C'est une harmonie sacrée
J'ai fait sol si bémol ré.

G, B, D

Ein G, B, D zum Aufgesang,
o heiliger Zusammenklang!
Spiel' ich das C und Es und A,
ist der Akkord vom Jenseits da.

Ich spiel' ein Fis, geht's bergewärts,
ein A dann auf des Hirten Herz.
Darauf ein Cis, geht's in den Krieg,
spiel' ich der Militärmusik.

Dann ein Choral G, H, D, G
mit einem blauen Sommer-E.
Für das Begräbnis die Oktav',
acht Finger auf den ewigen Schlaf.

Ist der Akkord vom Jenseits da,
spiel' ich das C und Es und A.
O heiliger Zusammenklang:
ein G, B, D zum Abgesang.

Le chant du départ de l'ivrogne

O mon vieux cœur saisi de tremblements
Ma vieille caisse de cordoue
Aux veines gonflées de vin doux
Vous mes pieds vous mes ossements

Nez sur lequel mon seul œil lorgne
Vous mes poils qui frémirent tant
Et toi vieux soudard affligeant
Qui montait dans les hôtels borgnes

Au temps des rires et des bulles
Je vous dis à jamais sans doute
Adieu je m'en vais ma route
Est interdite aux molécules

Säufers Abgesang

Ach du mein Herz es stockt dein Pochen
Mein altes Wrack aus Pergament
Durch dessen Adern Fusel drängt
Ihr meine Füße meine Knochen

Du Nas' auf die mein Auge schielt
Mein Haar das ungezwungen sproß
Und du mein schlaffer Kampfgenoß
Der sich in finstre Bleiben stiehlt

Du Leben voller Saus und Braus
Ich sag' für immer dir adieu
Der Weg den ich nun geh'
Sperrt Moleküle aus

(En revenant du colloque des traducteurs
sur Rilke – novembre 1991)

à la grand' roue bigarrée d'Arles
dans les cris d'enfants fous
regarde
s'en aller
le fleuve
en dessous

au vaste horizon d'arbres
nimbé d'hélium qui bout
regarde
s'obscurer
le bleu
des yeux
de Vincent

là-bas près des murailles
les haveurs de babils
comparent
des mots neufs

pourtant:

aux remparts d'écriture lente
peuvent seuls lire les mariniers
la parole rouge et violente
du peintre, son sens éloigné.

(Beim Erinnern des Übersetzerkolloquiums
zu Rilke, November 1991)

Am bunten Riesenrad von Arles
im irren Kinderschrei'n
schau
wie der Fluß
dort unten
vorübergeht

Am weiten Baumhorizont
am brodelnden Heliumschein
schau
wie das Blau
von Vincents
Augen
ins Dunkel verweht

Bei den Mauern dort
die Geschwätzschrämer
vergleichen
neue Wörter

und doch:

An den Wällen aus langsamer Schrift
kann nur der Schiffer lesen
was den Wortsinn des Malers betrifft
sein rotes gewalttätiges Wesen.

La main du fils Rosenberg
– pardonnez-moi –
est électrique.
Poing fraternel des Amériques
je t'ai saisi sans y penser phrase redite
dans le téléphone des peuples:

Nous sommes vos fils – ils sont nos frères.

Die Hand des Sohnes Rosenberg
– verzeih'n Sie mir –
steht unter Strom.
Brüderliche Faust Amerikas
ich griff einfach nach dir Parole
in der Völker Telefon:

Wir sind eure Söhne – sie sind unsre Brüder.

Johannes Kühn

Der Weltmann

Von Weltstädten spricht er gelangweilt und gähnt.
Und überall haben die Frauen Beine.
Sein Haarschnitt, in Londoner Vorstadt jetzt Mode,
beweist, daß er dort war und lebte.
Er lügt portugiesisch.
Sardinien kennt er wie ein römischer Fischer,
Ruhe lernte er bei den Negern
in heißen Sommernachmittagen
ganz schlangenfaul.

In Ungarn essen sie auch und viel besser.
Die Finnen sprechen eine Sprache, die anders ist.
Dicht unter den Wolken schlief er im Flugzeug,
auch das ist die Welt.

Die Betten in anderen Ländern!
Die Länder mit anderen Flöhen
und anderen Sonnen rühmt er wie scheckige Kühe.

Dann bricht er ab,
bleibt voll Geheimnis,
ganz wie die Welt,
er hat gelernt.

Als Gast trinkt er Kaffee,
der duftet deutsch um den Kuchen.

Die Rufer

In der Weltdeutung, was Welt ist, was sie war,
gibt es viele Rufer
in verschiedenen Sprachen,
von verschiedenen Städten,
aus Höhlen
und Kirchen,
von einsamen Schreibtischen
der Philosophen.

Ich halte es mit den Kindern,
erfreu mich, wenn Regen raschelt im Laub,
wenn das Fenster klirrt
und das Mondlicht tröstet,
wenn der Igel heil bleibt mit Stacheln
vor dem Hundebiß, und wenn Regenbogen Reigen
tanzen
über Bergen.

Ich erleb es, und wenn nicht mit Freude,
dann mit Trauer.
Ich erleb es, und wenn nicht mehr, bin ich tot.

Die Höhle

Wanderer war ich mit dem Lichtglück des Sommers:
Gütig blickten ferne Berge.
Wie ein Choral
der Freude und des Friedens
brauste zwischen grünen Ufern
der weiße Fluß.
Da flüchtet Sonne plötzlich,
da flüchtet Blau der Himmel.

Kahl
das Hochgebirgsland,
keine Häuser, Bäume,
keine Sträucher, keine Gnad kennt es mit mir,
der beim Andrang schwarzer Wetter
ängstlich über seine Haare fährt,
sie längen möchte
zu einem Mantel,
zu einem Überhang.
Nein, ich bin kein Held!

Wie schnell hat sich der helle Horizont
geändert zu Gewitterdunkel. Sturmgepolter
stampft, als wolle es zu Krümeln
die Felsen drücken.
Da, als brenne
der halbe Weg, fällt grell ein Blitz,
der Staub duckt sich,
der Hase rennt vor kaltem Niederfall des Regens,
als sei er Wind.

Da fliegt wie Engelflügel über mir
der zweite Blitz, der zeigt mir eine Höhle
am Wegkreuz. Wer auch in ihr gewohnt hat,
ein Schuft, ein Räuber,
ich seh, es ist mein Heil,
sie ist für mich gemacht
in grauer Vorzeit schon,
und ihr Gewölb wird mir Palast
und warmes Haus.
Wie eil ich.

Am Feld

Hält der Nebel Felderweihe?
Mit dem weißen Weihrauch
hinfließt er über braune Schollen.
Wie sind sie,
die Früchte bringen,
durchs Jahr,
heut zu einer Ehrung überweht aus Himmeln,
die sich senken.
Da staun ich überrascht,
der weiße Flug
näßt mir den Kopf,
daß ich steh
wie mitgesegnet.

Ein Traum nur

Zeitung les ich,
lange Sätze, kurze Sätze,
nirgendwo ein Buchstab,
der von Dir wär,
und kein Bild.

Zeitung les ich,
seufze leise, wie ein Sturmwind manchmal,
der erstirbt in Hecken,
seine Laune
hab ich fast.

Von den Wettern
schreibt die Zeitung,
von der Arbeit,
Neuigkeit und Nachricht
bringt sie täglich.

Nur von Dir nichts,
nichts von mir.
Die Verlobung
ist ein Traum nur,
glaub ich.

Umzug

Wie einer auszieht
die andere Jacke,
wechsele ich das Haus.

Wird es ein neues Leben werden?
Der Sonnenuntergang wird am Fenster gesehn,
am anderen Ort.
Ich habe andere Freuden
und andere Klagen.
Bis ich ganz eingelebt bin,
werde ich viele Male schlafen
und aufstehen als anderer Mensch.
Aber ich bin schon so befreundet
mit dem Zimmer,
als hätte ich hier gewohnt
in jungen Jahren,
als hätt ich's vergessen
und besänn mich wieder
an alte Zeiten.

Ich kann rechnen

Ich kann rechnen,
ich kann lesen,
ich kann schreiben,
ich kann Schlittschuh laufen,
den Nikolaus begrüßen,
und der Amme danken,
daß sie meiner Mutter half
zu meiner glücklichen Geburt.
Der Tod bleibt unbekümmert,
auch wenn ich Linsen
zu Gold verändern könnte,
er stürzt nicht durch die Wälder,
in meiner Nähe
bewegt er sich zeitlebends.

Begeisterung

Den Regen,
der schräg fällt, feiert sie,
den, der gerade niedergeht.
Und wo die Übel sich versammeln,
fliegt sie heran und bläst sie weg
wie losen Staub.

Der Tugendtochter blühender Besuch
erfreut mich. Sie kommt, ich bin in Feuer.
Und selbst den Nebel
erleb ich
mit ihr
wie beglückenden Lebensschaum
über dem Wein der Luft.
Öden die Augen hin wie Lehm,
wie gut, wenn ihre morgenhelle Lichtentzückung
mich führt,
ich blieb
ein Pfahl,
so stumpf sonst
ohne sie.

Wie ist sie schöne Krankheit,
ein angenehmes Fieber!
Begeisterung,
rauschend mit dem Blut,
dir sei gedankt! Was ist ein Tag,
an dem sie nicht erscheint!

Sie durchfährt den Lobpreis,
der Bläser flammende Posaune

beim Fest! Sie heilt den müden Schritt,
die träge Hand! Mit Jubel
erfüllen mich die lahmen Sommerschnecken.
Mir gefällt Maikäferflug!
Der Hecken Dornenstich
erlebe ich noch froh.

Wie weckt sie mir selbst Tafelfreuden
bei trocknem Brot
in blechner Schüssel.

Mit Tempo

Tempo,
Tempo
durch die Winde, durch die Autoschlangen,
durch die Massen
will der Mensch es beibehalten
und zögert nicht, sich anzuklagen,
wenn Langsamkeit ihn hindert,
genau um acht an seinem Arbeitsplatz zu sein,
pünktlich beim Beginn der Schicht
und auch an ihrem Ende.
Eile, Eile auch beim Essen,
Eile auch beim Schlafen,
glaub mir, er schnarcht schneller
als andre schlafen.

Der Mensch ist eckig,
ist hektisch,
er steht auf ganz wie geölt
und bleibt nicht bei dir sitzen,
es ist halb sechs schon, schleunigst muß er zum
Verein,
er dreht ab, er läßt dich stehn,
um halb neun Uhr muß er am Fernsehn sitzen,
ein guter Freund von ihm
ist dort zu sehn.
Glaub mir, der Mensch des Tempos
hat gute Uhren,
ein gut Gedächtnis,
und seinen Willen, schnell zu verschwinden
zum nächsten Tagereignis,
den setzt er durch.

Ob er bewundert wird?
Bestimmt!
Ob er gehaßt wird,
wer weiß!
Er ist der Mensch der Zeit,
hat viele Freunde,
die gleichso sind wie er.

Genauso wie er pünktlich lebt,
will er, daß sein Geld auch pünktlich
für ihn da ist, pünktlich auf der Bank,
auf der er pünktlich ankommt.

Der Strolch

In Wäldern sind genügend Vögel,
genügend Sterne hängen in den Himmeln,
er braucht nur Münzen,
um es zu feiern
im Gasthaus.
Erbettelt sind die Kleider,
die locker um ihn fliegen,
geschenkt der Kamm,
der Spiegel zu einem ordentlichen Kopf.

Sein Los am Brunnen ist zu staunen,
wie reich der dasteht
und nie versagt. Er schöpft von ihm
und trinkt und trinkt, schleicht weiter,
flieht unter Fenstern hin,
dort sitzt Gret,
die ihn verbannte
von ihrem Haus,
dort sitzt Annemarie,
die einen Knüppel nach ihm warf.

Sein Freund war Ritas Hund,
dem gab er manchmal Knochen,
der starb, und Rita
ist in die Stadt gezogen,
wo sie mit vielen Männern lacht
und keinen Brief erwartet
von ihm, dem Strolch,
da er nicht schreiben kann.

Er geht zurück,
steht wiederum am Brunnen
und läßt ihn für sich weinen,
genügend Tränen fallen
zaubrisch hell.

Kaspar Hauser

In Nürnberg,
an Pfingsten, da sie der Apostel Sprachenwunder feiern
in Kirchen, sommerhellen, da erschien er in der Stadt,
mit wenig Worten, schon erwachsen,
unkundig der gesetzten Sprache,
wirr blickend, wild,
verwahrlost. Und manche meinten auf der Straße,
man sollte für ihn beten.
Man brachte ihn zur Wache.

Er kam aus dunkler Kammer,
er wollte keine Stürme deuten,
er wollte keine Herrschaft gründen,
er wollte Sommer
und Sonnenschein in seinem Zimmer,
ein Reiter wollt er werden,
wie sein Vater es gewesen,
sein Fräulein Mutter
war ein armes Mägdelein,
da kamen viele Menschen
und fragten, wer er sei,
der Knabenjüngling
mit seinen lächerlichen
und von Spott durchtränkten Zetteln,
durch die er ernst empfohlen wurde den Obrigkeiten.
Er machte Jagd
nach Silben,
denn in finstren Löchern der Verliese
hatte er die Jahre hingebracht, arm, elend,
so blieb sein Auge arm
und arm sein Sinn. Und als er unter Menschen kam,

sahen sie an ihm den Tierblick.
Prozessionen wären
dem Kindnarrn schon gefolgt,
doch gelehrte Männer nahmen ihn in Hut
und sagten wohl: Er wird schon lernen
einen Hund zu führen,
damit ihm keiner weiter wehtut.
Er weiß nicht, wer er ist,
und es bekennt sich niemand zu ihm
auf der weiten Welt.
Was hatte er getan?

Die Mörder füllten die Patronentaschen
und ölten das Gewehr.

Schufterei

Es peitschen die Sonnenstrahlen den Bauern
und leuchten ihm zur Schufterei
in den Feldern.
So ruhig ist es,
er hört sich, wenn er flucht,
er weiß, woran er ist.
Die Disteln muß er sammeln,
die Schollen muß er schlagen,
das Feld besän,
das er geerntet hat vor
ein paar Wochen.
Die Arbeit ist geleistet,
murmelt er ganz leise vor sich hin.
Er ist zufrieden:
Die Sense war zu schärfen,
die Halme waren
schwer zu mähn,
zu Garben waren sie zu binden,
nach ein paar Tagen, da sie in den Kasten standen,
hieß es sie hochzugabeln
auf den Leiterwagen
und heimzufahren mit den Kühn.
Wie leicht es sich erzählt.
Schweißbäche rannen von dem Mann,
nun pflügt er braune Furchen
und hofft auf die Maschinenzeit.
Wie lang,
wie lang schon
pflügt man so
mit dem Gespann.

Ein Wanderer

Im Herbst, der so prächtig prahlt,
im Frühjahr, das so grün die Hoffnung leuchten läßt,
im Sommer, der die Halme reift,
im Winter, der den Ofen braucht,
liegen die Hände des Bauern brach.
Verschwunden sind seine Äcker,
seit einem halben Jahr
ist auf ihnen eine Schule gebaut.
Um Vögel zu hören,
muß er weiter wandern,
und er macht es mit Groll trotz viel Geld,
das der Verkauf eingebracht hat.
Dem Mann ist die Schule eine Pein bis in den Traum.
Niemanden findet er, um mit ihm zu klagen,
alle sind zufrieden mit dem Backsteinbau,
zu dem morgens so viele Kinder eilen.
Hott murmelt er
und lächelt.
Hü murmelt er
und brummt.
Vorbei die Herrlichkeit mit Pferden!
Einer von den Schlenderern ist er geworden,
die er verachtet hat. Die Hände in den Hosentaschen
und ohne Wetterangst, überlegen mit einer Lederjacke,
wie die Kirmesschläger sie tragen,
geht er, verwundert, daß ihn noch keiner gefragt hat,
wann war deine letzte Schlägerei,
so fährt er mit den Armen aus,
so gebraucht er die Beine.

Stille

Über mir
hab ich gern
ihre Brutzeit.
Mit Bildern füllt sich der Sinn,
daß ich mich aufheb,
wie ein Betrunkner geh
einen Abendweg.

Lob hab ich leicht auf der Lippe.
Nur ein Stolpernder schon verscheucht sie,
ein Mann mit Husten.
Schnell ist sie fort
wie eines Engels Flügelwink
an der Osterpforte.

In den Baum dringt sie ein,
daß ich Lärmgetriebner
gern mich anlehn
an die Säule Glück.

Ich kenn auch der Wiesen Säle
voll Blütenwehn,
wo ihr Schleierschuh
über die Stirn mir
seine heilsame Spur führt.
Der letzte
sterbende Windzipfel ist es,
auf den sie sich niederläßt.
An der Genesenden Betten,
an der Friedhöfe Pfade
begegne ich ihr,

der Helferin,
die niemals Lohn will
für ihr Geschenk, das sie selbst ist.
Ruf sie nicht, sie flieht.

Über mir
hab ich gern
ihre Brutzeit.

Gartencafé

Hingeneigt zu ihren Nachbarn,
plaudern Gäste,
gut gelaunt, und ein leichter Regenbogen
mag durch den Garten gehn
bei leisem Sommerregen
und kurz erfreun.

Es kommen Leute,
es gehen Leute,
Gemurmel steigt
wie Rauch so leicht
und leise.

Die Sonnenschirme
an den Sitzen sind gesucht.
Da sitzt ein Mann mit dickem Bauch, trinkt Bier,
da ist die schmale Dame,
trinkt Kaffee.
Da ist ein Ehepaar
mit Kindern,
das keine Sorgen hat,
da alle Plätze eingefriedet sind von Palisaden.

Die Taube überfliegt den Platz und landet,
um Kuchenkrümel aufzupicken,
sie findet viele Bissen.

Die Kirchturmuhr schlägt nun sechs,
der Abendzug rauscht über seine Schienen.
Der arme Mann zählt,
um sieben Schnäpse zu bezahlen,
aus seinen Taschen Geld zusammen
und spricht laut vor sich hin.

Unterweisung

Mutter sorgt sich um Soldaten und den Krieg.
Es sind arme Leute mit und ohne Sieg.
Auch Vater ist dabei,
wie war er doch so frei
als Bergmann.

Ob er gegen Krieg ist, ob auch nicht,
sie sind erzogen in der großen Pflicht,
sie müssen vor,
und früher gings ins schwarze Tor
als Bergmann.

Statt des Preßlufthammers hat er ein Gewehr.
Es freute ihn ein Urlaubsstock wohl mehr.
Der Krieg ist hart,
man ist auch schnell verscharrt
als Bergmann.

Zwei Schichten würd er machen, statt mit Schuß und Schuß
zu leben. Trifft dich einer, so ist Schluß.
Kinder, betet viel,
es ist kein Spiel
für einen Bergmann.

Wüstentraum

Sandschritt ist mühsam,
und mit den ersten schon
soll grün Oasentraum mir begegnen,
ich mag nicht zusehn
dem Geierflug um Aas und bleich Geripp.

Wenn ich den Weg seh
durch die braunen Flugdünen,
frag ich schon,
wieviel Brunnen es gibt,
nach wieviel Atemzügen
ein Gasthaus einlädt am Weg,
mit einem Wirt, der die Gegenden kennt
und abrät, sie zu gehn
und redet mit Flaschen in den Händen,
ja, hier liegt Sand und wieder Sand,
der tobt sogar in Wettern,
es begegnen dir gar Menschen
mit Gesichtern aus Sand,
die nicht gern spucken,
weil Wasser so rar ist.

Ich kehre um,
ich setze mich gern
auf den Brunnenrand
und teile mit Tauben Brot,
ich schreib gern etwas
von ihrem flinken Flug
statt davon, wie endlos die Wüste liegt,
die ich durchwandre mit Trockenheit im Mund.

Das alte Geschütz

Das Rohr zielt ins Meer vom Festungsturm,
und silbern blinkt es,
und unerschrocken steht es,
und niemand war jemals eingeladen,
als Feind heranzustürmen
auf einem Kriegsschiff.

Vorüberfahren Schiffe heut mit Wimpelgrüßen,
und Möwen landen
im Schatten der Steine,
nie noch hörten
sie einen Schuß.

Jahraus, jahrein
steht das Geschütz auf der Mauer,
heißt Ambassador und ist zu loben
in seiner Einfalt, heiß ist das Erz
in der Südsonne, berührst du es,
bist du getroffen vom Brand,
wähl die Zeit um zwölf,
kühl dir die Finger dann
im lauen Wasser der Küste.
Im Frieden bist du verwundet,
und du hast genug, zu blasen
auf die rote Haut.

Stiefelwäsche

Vom Hof hinuntersehend
Kinder, und Soldaten,
grün wie Tannen,
gehn die Straße hinab,
dorthin, wo kein Krieg ist,
an den Brunnen.
Ihre Stiefel,
die vom Landmarsch braun geworden sind,
waschen sie wieder schwarz.

Das ist dieser Männer Leben,
sich die Stiefel waschen
nach dem Landgang
und übers Pflaster gehn,
sauber in schwarzem Leder,
das fabelt der größere Junge,
sie machen ihm ein schönes Spiel
auf dem freien Platz.

Soldat wird er, wenn er groß ist!
Seine Schuhe putzt er heute schon
immer wieder gern.

Fernlenkwaffen

Wenn es dich juckt,
so soll es dich jucken.
Die Waffen sind eingebaut,
sind steuerbar über weite Strecken.
Hinten am Wäldchen
und zwischen dem Bach und den Kiefern
wird das Gelände nichts mehr hergeben
für Landsoldaten
zu einem Feuergefecht
mit Gewehren.
Dort eingesenkt mit Bunkern sind die großen
Raketen,
die nach keinen Sternen gezielt sind,
sondern nach Städten.

Prozessionen
von weinenden Bürgern
sah man noch nicht.
Wachen gehn dort,
die vielen Pfiffe, die man hört,
gelten Schäferhunden.

Keiner will ein Held werden
und Proteste verfassen.

Auf die großen Flugkörper
kann man aus keiner Handtasche
soviel Sand streun,
daß sie ganz versenkt sind.

Ein Heimatbuch in späteren Jahren
nähm sich vielleicht des Falles an
mit einer Narrenpostille.

Die Stubenhocker vor dem Fernseher

Den Stubenhockern gefrieren die Zehen nicht
in weichen Pantoffeln, keine Langweil weht
in den Zimmern winterlich mit Eis.
Und am Fernsehen hängen sie,
und es quellen die Augen vor, um zu greifen,
was an Bildern vorbeirauscht mit Mordgeschichten.

Danach
und dabei
trinken sie manchen Schluck.

Und auf die weiße Glaswand kommt
wie ein Freund auf der Straße
Afrika mit Palmen und Affensprüngen,
nah kommt es, gut anzutasten mit Fingern,
wie springen die Löwen zahm
in der Stube.

Indien läßt heut
im Bericht aus der Welt
hungernde Menschen über Straßen schrein,
Polizisten mit Helmen und Stöcken
schlagen zu, welch grobe Gewalt,
sie ist ganz weit entfernt
und ganz nah,
und man sieht,
so geht's zu.
Und vorbei!

Da,
abends um sechs
knabbert im Naturpark ein Biber am Holz.
Nach dieser Sendung laufen, um Pelze anzupreisen,
vollbusige Frauen
in das Auge.

Eine Frau hat man,
einen Pelz braucht man.

Weltnachrichten
bringen die Hoffnung, ein Krieg laufe aus,
und es reiche die Zeit, um die Toten zu sammeln
in Massengräbern, denken die Stubenhocker,
trinken den Punsch,
essen die Nüsse,
lassen den Hund
ihre Finger lecken
und zweifeln nicht daran,
daß die Welt sehr schön sei, ein Amen verdient
hinter jeden Tag des Winters, der draußen
Schneefälle zaubert.

Der Volksempfänger

Er stand in einer Ecke der Gastwirtschaft,
vor allem wurde er dann angedreht,
wenn der Mann sprach aus Berlin,
mit keiner Ehrfurcht begabt
für den Sommertag,
für das Frühlingsblühn,
erfüllt von Haß
auf die Welt, die ihm beikam,
er erschoß sich
mit einer Pistole
und kam sich bei.

Viele, die in der Gastwirtschaft am Volksempfänger
saßen,
sind gefallen im Krieg.

Sie haben geklatscht,
sie waren begeistert.

Regenbogen

Aus Bergen
in die Berge wieder ab
fährt der Bogen brückengleich
seine Friedensfarben, halbes Rad.
Sinn es ganz,
daß es fahre
seine Stille
über Land!
Frieden sei die Achse
fest in seiner Mitte!
Eines Habichts Flügelrauschen
sei der Fahrt Geräusch!
Beselige die Streitenden,
daß sich verändre
in Lächeln
Zornblick,
Wutmund.
Mordhand ändre sich zur Säerhand
auf braune Furchen streuend
Friedenskörner, daß heraufwächst Zeit
aus Segensweizen.

Planet

Hund,
bell ihn nur an,
du erschreckst ihn nicht,
auch nicht den Weltraum,
durch den er dahinrast
in großer Geschwindigkeit
in gleichem Maß, und der ihn schuf,
weiß mehr von ihm, weiß mehr als die Karten zeigen
von unsrer Erd.

Ich schweige.
Ich atme schwer.
Wer soll ihn loben,
unsern Planeten, in immerwährender Gültigkeit?
Es ist die Erd, die wir bewohnen,
umloht von Sonnenlicht, zur Nacht vom Mond
getröstet
und den Gestirnen, daß die Sonne schwand
für Stunden.

Hund,
bell mir die Angst aus dem Sinn,
daß er noch in meinen Zeiten
endlos stürze
in ein Nichts.
Schau,
der Mond geht auf
und tröstet mich.
Wenn ich ihn singen will,
loben will,
den Erdplaneten,
wird es Gebell,
harmlos und laut.

Planetenlicht

Das Planetenlicht
soll ich mir ansehn,
wenn ich ungläubig wär,
sagte mir der Dorfstrolch.
Das hat er gehört
von irgendeinem.

Ich weiß, es gibt viel zu erzählen von den Planeten.
Ihr Licht ist wie Milch hell,
besonders in den Nächten der Wintermonate.
Und der Strolch preßt ans Fenster seine Nase
und glotzt.
Jeder kann das Licht lieben.
Die Planeten zählten zu unserer Heimat, der Erd.
Es war ihnen erlaubt vom Herrn der Himmel
viel Bewegung. Niemand wohnt auf ihnen.
Rüstet die Flugraketen, zündet das Feuer,
um auf ihnen zu landen, sagen die Sternenforscher.
Es heißt, sie verneigten sich wie Kinder
vor den Flügen der Planeten, die es gäbe
seit Millionen Jahren schon.

Am klügsten ist der Strolch,
der legt den Finger an den Punkt,
wo Saturn durchs Glas blinkt
und löscht ihn aus und ruft:
Wie groß ist der Mensch!

Rückkehr

Der Schlaf,
den ich in fremden Ländern schlief,
war gut.
Tagsüber träumte ich die Rückkehr
zu unserm Haus und Laubgehölzen,
auf die sich senkt
der Tag
mit seiner Feuerflut.

Mit meiner Uhr, so unzufrieden,
zu langsam lief sie, gähnte ich.
Doch Freunde freuten sich der Zeiten,
sie sahen Schiffe, sagten sie,
sahn die Wellen
in ihrer blauen Arbeit
die Ufer kühl bespülen,
sagten sie,
wie gerne hörten sie den Regen
aus weißem Dunsthauch niederprasseln,
den Fruchtbaum zu erhalten.
Zur Ernte
rotglänzende Früchte, Apfelsinen,
in die Körbe ladend
sahn sie schwarze Männer,
sagten sie.
Die Eisenbahn
mit Kurs zum Dorf
mit rascher Fahrt sah ich,
müdgewandert war ich
und fast blind
von Bilderfülle
und Farbenreizen
des Südlands.

Urszula Kozioł

geboren 1931 in Rakówka bei Biłgoraj in Ostpolen. Studium der Polonistik in Breslau. Ab 1954 Lehrerin an verschiedenen polnischen Oberschulen, lebt in Breslau. 1961 Mitbegründerin der Zeitschrift ODRA, ab 1971 Leiterin von deren Literaturabteilung. 1972 Mitglied des polnischen PEN-Clubs.

Es sind von ihr elf Gedichtbände erschienen, zuletzt „Żalnik" (Buch der Klage), 1989; „Postoje słowa" (Wortstationen), 1994; „Wielka Pauza" (Große Pause) und in Deutsch: „Im Zeichen des Feuers". Heiderhoff Verlag, Eisingen 1997
Außerdem die Romane: „Postoje pamięci" (Stationen der Erinnerung). 1977 in 3. Aufl.; „Ptaki dla myśli" (Gedankenvögel). 1983 in 2. Aufl.; Theaterstücke für Kinder, Kurzprosa und Feuilletons, zuletzt: „Osobnego sny i przypowieści" („Des Außenseiters Träume") 1996.

Sie erhielt folgende Auszeichnungen:
1961 und 1962, 1. Preis des Kłodzkoer Dichter-Frühlings
1963   Literaturpreis der Stadt Danzig
1964   Władysław Broniewski-Preis
1965   Literaturpreis der Stadt Breslau
1968   Preis des Lyrikfestivals Łódź für den besten Gedichtband
1969   Literaturpreis der Kościelski Foundation, Genf
1971   Literaturpreis des Polnischen Kultusministeriums
1982   1. Preis für das Kindertheaterstück „Der gemalte König", Andersen-Festival, Kopenhagen
1998   Kulturpreis Schlesien des Landes Niedersachsen

Die Gedichte von Urszula Kozioł wurden durch Elisabeth Sikorski-Nowak aus dem Polnischen ins Deutsche übersetzt. Geboren 1950 in Białystok/Polen, lebt in Nürnberg. 1987-1993 Lektorin für Polnisch und Weißrussisch an den Universitäten Bamberg und Erlangen. Seit 1994 wissenschaftliche Mitarbeiterin an der Universität Erlangen.

Jean-Pierre Lefèbvre

geboren 1943 in Boulogne-sur-mer (Pas-de-Calais). Studium in Lille und Paris. Seit 1971 Professor für deutsche Literatur und Philosophie an der Ecole Normale Supérieure in Paris.

Er hat einen Roman geschrieben, „La Nuit du passeur". Paris 1989, deutsch „Die Nacht des Fährmanns", Fischer Taschenbuch 1690 und Gedichte.
Außerdem Übersetzungen von Christoph Ransmayr, „Le dernier des mondes" („Die letzte Welt"). Paris 1989; Hegel, „La phénoménologie de l'esprit". Paris 1991; Heine, „Zur Geschichte der Religion und Philosophie in Deutschland". Paris 1991; Hegel, „Esthétique", 3 vol. Paris 1994-1997; Rilke, „Elégies de Duino". Paris Gallimard 1994; „Anthologie bilingue de la poésie allemande". Paris Bibliothèque de la Pléiade 1993; Goethe, „Causeries d'émigrés" (le Conte). Paris Imprimerie nationale 1997.

Die Übersetzungen der Gedichte von Jean-Pierre Lefèbvre sind im Anschluß an ein vom Germanistik-Seminar der Universität Straßburg organisiertes Kolloquium zum Thema „Le poème et son double – Traduire Johannes Kühn" (März 1998) entstanden. Eine der Werkstätten, in denen die deutschen und die französischen Teilnehmer – hauptsächlich Studenten aus Straßburg und Heidelberg – zusammen arbeiteten, war den vorliegenden Gedichten von Jean-Pierre Lefèbvre gewidmet. Es wurde geleitet von Ludwig Harig, der auch die Endredaktion der Übersetzungen vornahm, und Eugen Helmlé.

Die beteiligten Übersetzer:

Ute Bechberger, Ulrike Bokelmann, Anne Bouchayer, Monika Dommel, Huguette Giraud, Safia Hamza, Ludwig Harig, Patricia Kohlenberger, Irène Kuhn, Gabrielle Kuhn, Isabelle Kuntz, Martin Lerch, Christel Letzelter, Karen Liebenguth, Marie-Thérèse Lindauer, Brigitte de Montgolfier, Sibylle Muller, Michel Prica, Benno Rech, Christiane Schoelzel, Walter Schomers (Die Ratten von Arcueil, In Wimereux), Ralf Stamm, Cornelia Weinkauf, Patricia Wenck, Eva Wochner.

Johannes Kühn

geboren 1934 in Tholey/Bergweiler, lebt in Tholey/Hasborn, Saarland. 1948-1953 Schüler des humanistischen Gymnasiums des Missionshauses St.Wendel, 1955-1958 Besuch der Schauspielschule Saarbrücken, 1956-1961 Gasthörer an den Universitäten von Saarbrücken und Freiburg i.Br., 1963-1973 Hilfsarbeiter in der Tiefbaufirma seines Bruders, danach freier Schriftsteller. Er schreibt Dramen, Prosa und vor allem Lyrik.

Es sind 12 Gedichtbände von ihm erschienen, darunter von Irmgard und Benno Rech im Carl Hanser Verlag München herausgegeben:
„Ich Winkelgast". 1989; „Gelehnt an Luft". 1992; „Leuchtspur". 1995; „Wasser genügt nicht". 1997.
Außerdem „Zugvögel haben mir berichtet". Märchen. Herausgegeben (mit einem Nachwort) von Irmgard und Benno Rech. Joachim Hempel Verlag, Lebach 1988.

Er erhielt folgende Auszeichnungen:
1988   Kunstpreis des Saarlandes
1991   Ehrengabe der Schillerstiftung
1995   Horst-Bienek-Preis, internationaler Lyrikpreis der Bayerischen Akademie der Schönen Künste
1996   Christian-Wagner-Preis
1998   Stefan-Andres-Preis

Nachwort

Das Literatursymposion im Zusammenspiel mit den Begegnungen auf der Grenze im Europäischen Kulturpark Bliesbruck-Reinheim findet zum zweiten Mal statt. Waren es im vorigen Jahr drei Prosaschriftsteller aus Polen, Frankreich und Deutschland, sind es diesmal Lyriker aus denselben Ländern, Urszula Kozioł, Jean-Pierre Lefèbvre und Johannes Kühn, die auf der Grenze lesen und diskutieren. Das Motto: *Voll Geheimnis – ganz wie die Welt* hat uns Johannes Kühn mit dem Kernsatz seines Gedichtes *Der Weltmann* geliefert.

Einerseits strotzt dieser Weltmann vor Überlegenheit, andererseits versteht er doch nichts von der Welt und gleicht dem unbedarften, dem großspurigen, allerorts auftauchenden Touristen, der ahnungslos naiv Länder bereist, ohne je fremdländische Eigenart verstehend wahrzunehmen.

Und weil wir selber, wenigstens gelegentlich, auch nicht ganz frei sind von fragwürdigen Urteilen, haben wir uns mit Bedacht Lyriker auf die Grenze eingeladen. Lyriker sind nämlich die wahren Realisten, die vorurteilslosen Idealisten, gerade sie haben den nüchternen, den überraschenden Blick auf alle Arten von Grenzen, auf die politischen, die sozialen, die kulturellen. Ihnen zuzuhören, mit ihnen zu diskutieren, vermag Polen, Franzosen wie Deutschen die Augen zu öffnen für die nationale Eigenart, und wir staunen nicht wenig darüber, wie unnachsichtig die Dichter insbesondere ihren eigenen Landsleuten, aber auch ihren Nachbarn auf die Finger schauen. Sie lassen keine Selbstgefälligkeit, keine Verstiegenheit, keine Borniertheit durchgehen. Sie haben Wünsche und Visionen, übersehen aber nicht die realistischen Bedingungen für die Überwindung von Grenzen und Intoleranz. Dieses Buch versammelt Gedichte, von der Lesung auf dem Symposion.

Die Grenzen zwischen Deutschland und Frankreich, zwischen Deutschland und Polen wurden in den letzten 300 Jahren ständig verschoben. Darum verwundert es, daß sich an ihrem Verlauf so aggressive Gegnerschaft, so scharfer Haß, ja Feindschaft schüren ließ, daß man sich schließlich als Erbfeinde verstand. Auf diesem heute kaum noch faßbaren Höhepunkt vom Ende der dreißiger Jahre, schien eine ziemlich willkürliche Linie für die Ewigkeit markiert und gleichzeitig zur Provokation geworden. Insbesondere waren es Künstler, die sich auch damals nicht eingrenzen ließen. Auch wenn sie schon nicht über die Grenzen hinweg reisen konnten, im Schaffen wahrten viele ihre Freiheit.

Zur Zeit hat es den Anschein, als würden die europäischen Grenzen vornehmlich zum Überschreiten reizen, allerorten werden Begegnungsstätten eingerichtet, und Bliesbruck-Reinheim wäre nur einer der kulturellen Sonderfälle unter den Verbrüderungsfesten. Sind nicht gerade Dichter die tatsächlichen Windbeutel mit opportunistischen Lobsprüchen für wechselnde Parteilager auf den Lippen? Die hierhin geladenen Dichter stehen dafür, daß keine nichtssagende Begegnung auf der Grenze stattfindet, denn unsere Autoren sind gründliche Leute, sie machen bloße Stimmungsumschwünge nicht unbedacht mit. Darum bevorzugen sie untereinander wie mit ihren Lesern, ob persönlich oder im Buch, grundsätzliche Auseinandersetzungen über die Eigenart unserer Völker, ihre mentale Verfassung. Inzwischen ist offenkundig, daß die homogene lokale oder nationale Identität ein verlorener Zustand ist. Wenn Habermas bereits von einem europäischen Volk spricht, bedenkt er diese in Mitteleuropa durch die neueste Migration gegebenen Verhältnisse mit. Seitdem ist die Staatsgrenze kaum noch die wichtigste Grenze. Soziale, kulturelle oder allgemein welt-

anschauliche Gegensätze innerhalb unserer Völker be-
dingen brisantere Konfliktherde. Allerdings, wie soll man
das Fahnenmeer und die immer wieder auftönenden
Fetzen aus den Nationalhymnen, beispielsweise während
der Fußballweltmeisterschaft erklären?
Urszula Kozioł hat zuerst unter der nationalsozialistischen,
dann unter der kommunistischen Diktatur die politische
Freiheit entbehren müssen. Ihrer Leidenszeit hat sie u.a. in
dem *Buch der Klage* (1989 erschienen) Ausdruck verliehen.
Wegen ihres Engagements für die deutsch-polnische
Annäherung wurde ihr 1998 der Kulturpreis Schlesien des
Landes Niedersachsen zuerkannt. Jean-Pierre Lefèbvre
und Johannes Kühn ergreifen besonders oft in ihren
Gedichten Partei für die Außenseiter, die Ausgegrenzten,
die an den Rand der Gesellschaft Geratenen. Beide Dichter
richten unsere Aufmerksamkeit auf Zurücksetzung und
Ausbeutung der *kleinen Leute*, auf die Bestialität und die
Ruchlosigkeit des Krieges.
Im bekenntnishaften und verstehenswilligen Dialog
können wir die Fremdheit zwischen den Schichten am
ehesten überbrücken. Obwohl Dichter wie Politiker von
Interessen geleitet sind, vertreten die Dichter eher
eigenständige Erkenntnisse als die vom Parteinutzen
geleiteten Politiker. Diese stehen je nach ihrer politischen
Couleur in Gefahr, durch rigid-globales Wirtschaftsdenken
(„Wirtschaftsstandort") oder durch borniert-nationale
Parolen („Überfremdung") emotional-simple Gesinnungen
zu wecken. Der Dichter ist berufen, Lebensbedingungen zu
unterscheiden, an Schicksalen Anteil zu nehmen, sie
darzustellen. Natürlich verlaufen die politisch-ökono-
mischen Prozesse nach weltweit angewandten Strategien
ab. Chauvinistische Abschottung führt auf jeden Fall ins
Abseits, in den Ruin.
Kulturarbeit insbesondere kann nicht wie Spionageabwehr

funktionieren, sie muß Zugänge eröffnen. Jeder Künstler (und Intellektuelle) ist neugierig auf alle Quellen, die ihm erreichbar sind. Er tauscht sich mit anderen Kulturen aus, um so den Wert des Eigenen durch die Außenperspektive neu wahrzunehmen und mit geweitetem Blick auf seine Bedeutung hin zu prüfen. Inzwischen ist bei vielen Kulturmanagern, auch Verlegern, die Versuchung zu beobachten, kulturelle wie soziale Eigenheiten geringzuschätzen, sie ungeprüft und rasch ökonomischen Interessen zu opfern.

Bernd M. Scherer vom Haus der Kulturen der Welt in Berlin verweist in diesen Zusammenhängen auf die neue Bedeutung der Sprache: „Mit dem Zerfall der Sowjetunion und dem Ende des Ost-West-Konflikts wurden die Grundkonzepte der internationalen Diskussionen von der politischen Sprache in eine kulturelle Sprache übersetzt. Es standen sich nicht mehr Nationalstaaten oder Staatenbündnisse gegenüber, sondern Kulturen." Dieser Paradigmawechsel ruft geradezu die Dichter auf den Plan. Urszula Kozioł, Jean-Pierre Lefèbvre und Johannes Kühn bringen individuelle Lebenserfahrungen, Beobachtungen der Gesellschaft, Visionen eines besseren Lebens kraftvoll zur Sprache. Sie treffen sich auf der Grenze, den Blick über die Grenzen gerichtet zum Gespräch untereinander, wie mit ihren Zuhörern bereit. Alle drei verbindet sie eine poetische Abenteuerlust, und diese hat sich noch nie Grenzen setzen lassen.   *Benno Rech*

Inhalt

Johannes Kühn

ALFRED DELP

KASSIBER

Aus der Haftanstalt Berlin-Tegel

Herausgegeben von Roman Bleistein

VERLAG JOSEF KNECHT · FRANKFURT AM MAIN

CIP-Kurztitelaufnahme der Deutschen Bibliothek

Delp, Alfred:
Kassiber : aus d. Haftanstalt Berlin-Tegel /
Alfred Delp. Hrsg. von Roman Bleistein. –
Frankfurt am Main : Knecht, 1987.
  ISBN 3-7820-0553-8

NE: Delp, Alfred: [Sammlung]

ISBN 3-7820-0553-8

1. Auflage 1987. Alle Rechte vorbehalten. Printed in Germany. © 1987
by Verlag Josef Knecht – Carolusdruckerei GmbH, Frankfurt am Main
Gesamtherstellung: Wiesbadener Graphische Betriebe GmbH, Wiesbaden

VORWORT

Kassiber sind Zettel, Briefe, Nachrichten, im Geheimen aus einem Gefängnis herausgeschmuggelt: Lebenszeichen von jenseits der Mauer. Gleichsam ein Tagebuch bieten die etwa hundert Kassiber Delps – entnommen dem Band IV der Gesammelten Schriften –, die dank der Nachsicht preußischer Justizbeamter, der Unerschrockenheit von Mithäftlingen (etwa von Eugen Gerstenmaier), des evangelischen Gefängnispfarrers Harald Poelchau und der beiden Mariannen, Marianne Hapig und Marianne Pünder, den Weg ins Freie fanden.

In diesen Kassibern spiegelt sich der äußere Alltag eines Häftlings in der Haftanstalt Berlin-Tegel: Routine nach der Uhr, Mahlzeiten, Rundgang im Freien, Stille der Nacht. Vor allem wird greifbar der innere Weg des Häftlings Nr. 1442: Einsamkeit, Interesse, Ablehnung, Hoffnung, Beschäftigung mit den Anklagepunkten, Gebet, Dialog mit Gott, Anbetung, Feier der Eucharistie. Immer wieder kommt jener Mensch zum Vorschein, der nun eine Nummer ist, aber »bei seinem Namen gerufen« (Jes. 43,1) unausweichlich und herausgefordert vor seinem Herr-Gott steht.

Das Glaubenszeugnis dieser Texte ist das einer unermüdlichen Hoffnung, die aus jenem inneren Gleichmut (Indifferenz) kommt, den Ignatius von Loyola dem Exerzitanten als Ziel seiner Gebete empfiehlt: sich in allem ohne Vorbehalt Gott überlassen. Delp bemüht sich redlich um diesen Gleichmut, hofft wider alle Hoffnungen, bestreitet nie, daß er auf eine neue Sendung wartet, daß er gerne leben möchte, gerade jetzt, da er so vieles erstmals und in seiner Tiefe verstanden hat. Gerade durch die Nähe des Galgens gewinnen beiläufige Worte den Wert von Dokumenten, von Dokumenten einer Glaubensprüfung, die nur vergleichbar ist der Prüfung der drei Jünglinge im Feuerofen.

In diesen Briefen und Notizen bewegt sich Delps ganzes Leben: seine Vorlieben, seine Freundschaft zu Mitmenschen, seine philosophischen und sozialen Interessen, seine besorgte Unruhe um Kirche und Welt, um die Geschichte und das konkrete Geschehen. 37 Jahre spiegeln sich in den Kassibern; sie fordern eine neue Deutung.

Wie ein roter Faden zieht sich durch alle Briefe aber auch der Prozeß vor dem Volksgerichtshof, der vom 9. bis 11. Januar 1945 stattfand. Die Anklagepunkte werden erörtert, Delps Engagement im Widerstand wird verhüllt sichtbar, die Chancen, heil aus dem Gerichtsverfahren herauszukommen, vorsichtig bedacht. Diese Hoffnung sinkt gewaltig, als Delp erfährt, Roland Freisler, der Präsident des Volksgerichtshofes, werde persönlich den Prozeß führen. Und so stehen Delp und seine Freunde im Kreisauer Kreis den Prozeß — eine Farce, ein Theater, ein Schauspiel des Unrechts — durch, sich verlassend auf Gottes Treue und die Treue zu Gott.

Wer sich in bedächtiger Lesung der Kassiber Delp auf seinem Gang von Anfang August 1944 bis Ende Januar 1945 begleitet, erlebt ein aufregendes Stück deutscher Zeitgeschichte, er geht einen Weg der inneren Befreiung mit und wird in eine schonungslose und zugleich beglückende Begegnung mit dem Gott der Hoffnung und allen Trostes hineingerissen. Er wird nicht nur den Glaubenszeugen Alfred Delp SJ etwas mehr begreifen; er wird selbst in christliche Hoffnung eingeübt. Mögen — so würde gewiß der Wunsch Delps lauten — recht viele Menschen diesen Weg gehen, bis zu seinem Ende mitgehen, auch zum Trost jener Christen, die heute irgendwo in der Welt für die Wahrheit der Botschaft Jesu, zur Verteidigung der Rechte des Menschen leiden; denn so entsteht notwendigerweise eine neue Art von christlicher, d.h. von Christus her begründeter Solidarität.

München, am 8. Dezember 1986   Roman Bleistein

BRIEFE UND NOTIZEN

Nach seiner Überführung von München nach Berlin in der Nacht vom 6. auf 7. August 1944 verbrachte Delp die erste Haftzeit bis zum 27. (8.?) September im Gestapogefängnis Lehrterstraße 3. Die zweite Haftzeit bis zum 31. Januar 1945, an dem er nach Berlin-Plötzensee gebracht wurde, war er in der Haftanstalt Berlin-Tegel. Aus ihr wurden die meisten Kassiber herausgeschmuggelt. Nur die ersten beiden Briefe gingen den offiziellen Weg.

Die Briefpartner Delps in der Reihenfolge der Kassiber waren: Sr. *Chrysolia Albrecht OSV* (1890—1972), im Pfarrhaus St. Georg in Bogenhausen tätig; *Marianne Hapig* (1894—1973), Sozialarbeiterin in Berlin; Dr. *Marianne Pünder* (1898—1980), ebenfalls im sozialen Bereich engagiert. (Dies sind »die beiden Mariannen«, die »guten Leute«, die immer wieder die mutigen Schmuggelgänge unternahmen); *Luise Oestreicher* (1910—1983), Sekretärin Delps in München; Dr. *Karl Kreuser* (1901—1982), Bankdirektor in München, seine Familie war mit Delp eng befreundet; *Friedrich Delp* (1876—1958), Vater Delps; *Maria Delp* (1881—1968), Mutter Delps; Prof. Dr. *Fritz Valjavec* (1909—1960) mit Delp befreundete Professor an der Universität Berlin; P. *Franz von Tattenbach* SJ (geb. 1910), Mitbruder und Freund Delps; *Franz Sperr* (1878—1945), ehemaliger bayrischer Gesandter, mit Delp in politischem Kontakt; *Pastor Dr. Eugen Gerstenmaier* (1906—1986), Mitglied des Kreisauer Kreises; Pfarrer *Max Blumschein* (1884—1965), Stadtpfarrer in Heilig Blut in München/Bogenhausen; *Greta Kern* (geb. 1914), Schwester Delps; P. *Theo Hoffmann* SJ (1890—1953), früherer Oberer Delps; Dr. *Otto Paepcke* (1906—1982), Rechtsanwalt, befreundet mit P. Delp. Die mit „M" gekennzeichneten Kassiber gingen an Marianne Hapig und Marianne Pünder, an Luise Oestreicher und am Ende an P. Franz von Tattenbach SJ. Delp unterschrieb — auch aus Geheimhaltungsgründen — die Briefe mit unterschiedlichen Namen: Max, Georg, Bullus, Lotterer, Der Patient, »Blutenberg«. Die Adressaten erkannten, nicht nur an der schwer lesbaren Handschrift Delps, sofort den vertrauten Absender.

Die Daten der Briefe wurden nicht von Delp auf die Briefe geschrieben. Sie wurden teilweise nachträglich von den beiden Mariannen auf die kleinen Blätter eingetragen. Wo auch diese Notizen fehlten, wurde das Datum aus dem Kontext zu erschließen gesucht. Hier ist verständlicherweise mit Unsicherheiten in der Datierung zu rechnen.

Alle Texte wurden mit den Originalen bzw. deren Kopien verglichen. Es ergaben sich kleinere Korrekturen, die bereits veröffentlicht wurden. Die Originale dieser Kassiber befinden sich — mit wenigen Ausnahmen — im Archiv der Oberdeutschen Provinz der Jesuiten/München. Gedankt sei an dieser Stelle dem Morusverlag/Berlin, für die Abdruckerlaubnis der erstmals in »Alfred Delp, Kämpfer — Beter — Zeuge« (Berlin ³1978) publizierten Kassiber Delps.

Einige Schriftzüge Delps blieben trotz der Bemühung vieler unleserlich. Dafür steht als Zeichen ⟨...⟩. Andere Auslassungen geschahen auf Wunsch der Briefempfänger, die um eine angemessene Diskretion in persönlichen oder familiären Fragen, als Bedingung der Überlassung der Originale, baten. Dafür steht das Zeichen [...]. Gerade denen, die großzügig ihre Kassiber zu einer Veröffentlichung freigaben, sei auch an dieser Stelle noch einmal von Herzen Dank gesagt. Nur aufgrund dieser Selbstlosigkeit ist es möglich, die Überlegungen Delps um die Verhandlung vor dem Volksgerichtshof, seine Sorge um die Menschen im Gefängnis und »draußen« in der Welt, sein Interesse an den weltweiten Problemen von Kirche und Welt, seine innere geistliche Entwicklung und das stetige Gespräch des Häftlings Delp mit seinem Herrgott zu erfahren. In der Unermüdlichkeit seiner Hoffnung liegt ein großes Zeugnis des Glaubens. Auch durch die Unmittelbarkeit der Aussage wie den Ernst der Situation sind diese Briefe und Notizen das Dokument eines christlich motivierten Widerstands.

1.

An Sr. Chrysolia[1]   9. August 1944

Liebe Schwester,
    ich bitte Sie, mir etwas Wäsche (2 Garnituren), einige Taschentücher, einige Strümpfe, einen Schlafanzug zu schicken. Das Ganze unter »dringend«. Ich bin über umstehende Adresse[2] zu erreichen. Alles Gute

                           Ihr P. Alfred Delp

2.

An Marianne Hapig/
Marianne Pünder   30. September 1944

Ihr guten Leute![3] Herzlichen Dank für die mütterliche Besorgung meiner Wäsche. Das hätten wir auch nicht gedacht, daß die Ferienbekanntschaft solche Früchte tragen müßte. — Bitte, besorgt mir, wenn es geht, ein Paar ganze

---

[1] Die Postkarte ging den offiziellen Weg. Sie ist — ausgenommen die Unterschrift Delps — mit der Schreibmaschine geschrieben.

[2] Reichssicherheitshauptamt, Berlin W 15, Meineckestraße 10, IV A 4a.

[3] Der Brief ging den offiziellen Weg. Er ist auf das offizielle Briefpapier »Strafgefängnis Berlin-Tegel« geschrieben.

Schuhe und eine Kopfbedeckung (Größe 54−55), damit ich auch bei Regen etc. die tägliche Freistunde halten kann. Grüße an meine Mutter und nach München. Und die Urbi[4] täglich an ihr Wort erinnern. Das muß sie jetzt halten. Allen alles Gute und herzlichen Dank

Alfred Delp

P.S. Jetzt hätte ich beinahe die Hauptsache vergessen. Ich bin also in der Strafanstalt Tegel als Untersuchungsgefangener für das Volksgericht. Das hätte ich mir auch nicht träumen lassen. Ich glaube, es wird Zeit, daß Ihr Euch um einen Anwalt für mich umseht. Ich kenne hier zu wenig Leute. In München hörte ich Dix[5] nennen und Peter Schmitz[6]. Überlegt einmal in Eurer großen Güte.

Dank für alles

Alfred Delp

3.

An Luise Oestreicher   Ende Oktober 1944

LL, ich schreibe Dir wieder ein paar Grüße. Ob sie Dich erreichen, weiß ich nicht. Wie ich überhaupt von niemand etwas weiß, außer von den Leuten hier im Eisen, die jeden Tag weniger werden. »unicus et pauper sum ego«, sehr allein und armselig bin ich geworden, heißt es in einem Psalm[7]. In bin so dankbar um die Hostie, die ich seit 1. X.

---

[4] Delp spielt an auf das Lebensangebot von Frau Maria Urban (1891−1944), Direktorin des Städtischen Kindergärtnerinnenseminars, nahe der St.-Georgs-Kirche/Bogenhausen gelegen. Frau Urban hat in einem Brief vom 15. Februar 1943 ihr Leben Gott angeboten, damit P. Delp den Krieg und den Widerstand gegen das Dritte Reich überlebe. Sie war schon Wochen vor Delps Verhaftung, am 13. Juni 1944, im Keller ihres Hauses bei einem Bombenangriff ums Leben gekommen. Delp erfuhr erst wenige Tage nach ihrem Tod von diesem Lebensopfer. Den Brief von Frau Urban trug Delp im Gefängnis bei sich.
[5] Justizrat Dr. Rudolf Dix (1884−1952).
[6] Nicht ermittelt.
[7] Psalm 24,16.

9

in der Zelle habe[8]. Sie bricht die Einsamkeit, obwohl ich, zur Schande sei's gesagt, manchmal so müde und zerstört bin, daß ich diese Realität gar nicht mehr aufnehme. —

Augenblicklich brauche ich alle Kraft, um die Zahnschmerzen und die Schmerzen einer Kiefernhöhlen- und Stirnhöhlenentzündung zu verkraften. Hoffentlich kommt es nicht zu Eiterungen. Die werden ja bei mir immer bösartig.

Ich kann Dir heute nicht viel schreiben, es ist kein guter Tag. Manchmal drängt sich das ganze Schicksal in eine Last zusammen und legt sich einem auf das Herz und man weiß wirklich nicht, wielange man dies alles diesem Herzen noch zumuten soll. —

Ich habe noch nichts von Dir gehört. Es ist ja auch sehr schwer jetzt. Wie das alles weitergehen soll?

Ich glaube an Gott und an das Leben. Und um was wir gläubig bitten, das wird uns. Der Glaube ist die Kunst. Und ich bin nicht der Meinung, daß Gott mich an einem ⟨...⟩ ersticken läßt. Um mehr handelt es sich gerade in dem Fall nicht. Gott hat mich gründlich gestellt, ob ich meine alten Worte einlöse: mit ihm allein läßt sich leben und das Schicksal durchstehen.

Wie geht es Dir? [...] Grüß die lieben Menschen. Dir Gottes Segen und alles Gute und ein erfülltes Herz.

Georg

Ich würde sehr bitten um ein paar Messen in der Georgskirche, wenn das möglich ist. Überhaupt muß ich mich jetzt sehr auf die Gemeinschaft der guten Menschen verlassen. Meine eigenen Kräfte sind hin. Dios solo basta: habe ich einst sehr selbstgewiß gesagt. Ja, und jetzt. Bis jetzt habe ich alles falsch gemacht und es ist immer schlimmer gewor-

---

[8] Ab 12. September 1944 gelang es, Hostien und Wein für die Feier der Hl. Messe in das Gefängnis Tegel zu schmuggeln.

den. Sag doch dem Tatt(enbach) und dem Dold [9], sie sollen im Orden sehr beten. Mehr können sie ja auch nicht tun. Wenn ich ein Millionenobjekt wäre, wüßten einige Leute schon Wege nach ganz oben, so aber bin ich nur ein verprügelter und verunglückter Mensch. Sei der Weg über das Seil im Namen Gottes unternommen. Grüße Deine Leute und Johannes [10].

Ebenso Karl [11], Weßling [12], Laplace [13], Keßler [14], Chrysolia [15], Annemarie [16]. Gebt doch bitte eine Nachricht, wie es bei den Angriffen gegangen ist.

4.

An Familie Kreuser   Mitte November 1944

Liebe Freunde, die Namenstage im Laufe der Monate habe ich in meiner gegenwärtigen Lage nicht vergessen. Es waren Gedenktage an gute und liebe Menschen, an viel Treue und Güte, an manche Stunde der Geborgenheit und Heimat. Und sie waren Bittage um den Schutz und Segen Gottes für alles. Mit meinen gefesselten Händen habe ich jedesmal jedem einen guten Segen geschickt, wie oft ...

Ja, das Leben hat sich gewandelt. Ich habe viel gelernt in diesen 12 Wochen der Bitternis, der Prüfung und Einsam-

[9] P. Johannes B. Dold SJ (1897–1967). Seit den dreißiger Jahren mit Delp befreundet. Später in den Briefen als »Knigge« bezeichnet.
[10] Johannes Ev. M. Höck OSB (geb. 1902), mit Familie Oestreicher befreundet.
[11] Karl Furtner (1891–1972), Bauer vom Setzen-Hof und Bürgermeister von Wolferkam.
[12] Deckname für Prof. Dr. Georg Smolka (1901–1982), wohnhaft in Weßling bei München. Gesprächspartner Delps in politischen Fragen.
[13] Die Familie Dr. Karl Kreuser, der Delp freundschaftlich verbunden war, wohnte in Bogenhausen in der Laplacestraße.
[14] Rechtsanwalt Dr. Ernst Keßler (geb. 1914) besprach immer wieder mit Delp die politische Situation. Später als »Ismaninger« bezeichnet, weil Keßler in München in der Ismaningerstraße wohnte.
[15] Vgl. Einleitung zu Teil I, S. 19.
[16] Annemarie Cohen (geb. 1897) arbeitete mit Delp beim Einsatz für verfolgte Juden zusammen.

keit. Und der Not. So Gott gut ist, kann ich es noch einmal verwerten. Ich habe die Hoffnung auf seine Hilfe immer noch, obwohl rein menschlich die Sache ziemlich aussichtslos ist. Zwischen mir und dem Galgen muß das Wunder stehen, sonst hilft nichts mehr. Bitte mitbeten und mitausharren und die Kinder beten lassen.

Wenn ich mir vorstelle, es könnte wieder ein Tag kommen, an dem man seine Hände frei bewegen kann oder zur Tür hinausgehen oder sich rasieren, wenn es nötig ist, oder ein Stück Brot holen: was sind das so seltene Köstlichkeiten geworden. Und jede Woche werden wir weniger. Der Vernichtungswille ist hart und eindeutig. Auch für uns kommt allmählich die Stunde der Entscheidung näher. Nach jetziger Sachlage 7. oder 8. XII.[17]

Ich habe noch etwas Wein und werde am 19.[18] wie die letzten Jahre die Messe lesen. Das war eine große Gnade und Hilfe Gottes seit dem 1. X. Seit dem Tag hab ich das Sakrament bei mir und kann ab und zu mit gefesselten Händen zelebrieren. Nachts, da wir immer beleuchtet sind.

Dank für alles. Die Kinder sollen gerade weiterwachsen. Besonderen Gruß an Karl-Adolf[19] und Elisabeth[20]. Von dem Zettel nichts herumerzählen. Bitte beten und hoffen. Gottes Schutz über alle lieben Menschen dort.

A.

5.

An Sr. Chrysolia   Mitte November 1944

L.S. Ch., einen herzlichen Gruß. Ob und wie er ankommt, weiß ich nicht. Wenn er ankommt, nicht viel davon weitersagen.

---

[17] Die Verhandlung vor dem Volksgerichtshof war — wie die Gefangenen vermuteten — zuerst für den 7. oder 8. Dezember 1944 geplant.
[18] Namenstag von Frau Kreuser.
[19] Karl-Adolf Kreuser (geb. 1927).
[20] Elisabeth Kreuser (geb. 1926).

Ich wollte Ihnen nur danken für Ihre viele Arbeit, die Sie für mich getan haben. Danken Sie auch den anderen Schwestern. Und Sie um Verzeihung bitten für manchen Ärger, den wir zusammen erlebt haben. Ach, wie klein und eng war doch dies alles. Wie sieht die Welt nach diesen 10 Wochen großer Sorgen und Hunger und Schmerz und Aussichtslosigkeit ganz anders aus!

Ja, und jetzt brauch ich Ihr Gebet. Ich denke, wie wir uns im Keller zusammen hochgebetet haben, so halten wir auch jetzt zusammen. Ich bitte Sie sehr drum. Die Sache steht übel. Wenn der Herrgott nicht hilft, sehe ich keinen Ausweg mehr. Bitten Sie auch die anderen Schwestern um das Gebet. Grüßen Sie alle Leute im Haus. Mitte Dezember wird wohl über mein Schicksal entschieden sein. So viele meiner Freunde hier sind schon gestorben, aber der »lange Baron«[21] lebt noch, wir kommen zusammen vor Gericht. Grüßen Sie alle, ich danke allen und bitte alle ums Gebet.

Behüt Sie Gott

Ihr alter Patient

6.

An Luise Oestreicher   17. November 1944

LL., allmählich wird wohl die Stunde der Entscheidung kommen. Mit der Möglichkeit einer Verständigung ist es kurz vorher aus. Nach jetziger Sachlage ist Termin am 7. oder 8. XII. Bis dahin aber ⟨...⟩ muß Gott seine Wunder tun. [...]

Diese Woche war in vieler Hinsicht sehr bewegt. Drei von uns[22] sind den Weg gegangen, der als bittere Möglich-

---

[21] Anspielung auf Helmuth J. Graf von Moltke (1907–1945), der zu einigen Gesprächen im Pfarrhaus St. Georg/Bogenhausen gewesen war. Vgl. Spiegelbild einer Verschwörung. Stuttgart 1969, 331, 389, 390; vgl. auch das Todesurteil.

[22] Am 14. November 1944 wurden hingerichtet: Bernhard Letterhaus (geb. 1894), Verbandssekretär der Westdeutschen Katholischen Arbeiter-

keit vor uns allen steht und von dem uns nur Gottes Wunder trennen und bewahren können. Innerlich habe ich viel mit dem Herrgott zu tun und zu fragen und dranzugeben. Das eine ist mir so klar und spürbar wie selten: die Welt ist Gottes so voll. Aus allen Poren der Dinge quillt er gleichsam uns entgegen. Wir aber sind oft blind. Wir bleiben in den schönen und in den bösen Stunden hängen und erleben sie nicht durch bis an den Brunnenpunkt, an dem sie aus Gott herausströmen. Das gilt für sehr ⟨...⟩, für alles Schöne und auch für das Elend. In allem will Gott Begegnung feiern und fragt und will die anbetende, hingebende Antwort. Die Kunst und der Auftrag ist nur dieser, aus diesen Einsichten und Gnaden dauerndes Bewußtsein und dauernde Haltung zu machen, bzw. werden zu lassen. Dann wird das Leben frei in der Freiheit, die wir oft gesucht haben. [...]

Gerade höre ich von den neuen Angriffen in München. Laß mir bitte Bescheid zukommen, wie es Dir und den Freunden geht. Es ist zuviel, auch diese Sorge und Unsicherheit zu all dem anderen. —

Heute ist wieder ein schwerer Tag. Gott meint es schon ganz intensiv mit mir, daß er mich so ausschließlich auf sich verweist. Ich bin ja wieder ganz isoliert seit einiger Zeit[23]. Ich soll lernen, was glauben und vertrauen heißt. Das muß jede Stunde neu begonnen werden. Es gibt auch gute Stunden der Fülle und Tröstung, aber im großen Ganzen sind wir doch auf ein Seil gesetzt und sollen über einen Abgrund laufen und dazu schießen sie noch mit

vereine (vgl. J. Aretz, Bernhard Letterhaus, in: Zeitgeschichte in Lebensbildern II, Mainz 1975, 10—24); Ferdinand Freiherr von Lüninck (geb. 1888), Oberpräsident von Westfalen; Walter Cramer (geb. 1886), Direktor der Kammgarnspinnerei Stöhr AG/Leipzig-Plagwitz.

[23] Seit dem 13. Oktober 1944 waren die Besuche der beiden Gefängnisgeistlichen bei Delp von der Gestapo verboten worden. Die Gründe für diese verschärfende Anordnung sind nicht bekannt. Es ist zu vermuten, daß sie Teil einer Strategie war, Delp zum Austritt aus dem Jesuitenorden zu bewegen.

Scharfschützen auf uns«. Und dauernd fallen welche herunter. —

Manchmal sage ich dem Herrgott, daß ich ein kleiner Bambs bin und ein Trösterl brauche. Er hat dann die kostbarsten Antworten. Neulich haben mir die beiden Mariannen an einem solchen Tag 20 Zigaretten und 5 Zig. auf einmal herschaffen können. Und dazu das liebe graue Gebetbuch [24] und ein paar Sachen, die so nach München schmeckten. Und manchmal bitte ich auch um ein Wort der Führung und der Tröstung und schlag aufs Geradewohl die Schrift auf. Gerade habe ich aufgeschlagen: Jene, die glauben, werden folgende Wunder wirken usw. Mk 16,16 ff. Ich habe das »Spiel« noch einmal gemacht und diesmal Mt 20 aufgeschlagen. Wieder ein Wort der Zuversicht.

Ach, wie begrenzt ist das Menschenherz in seinen eigensten Fähigkeiten, im Hoffen und Glauben. Es braucht Hilfe, um zu sich selbst zu kommen und nicht zu zerflattern wie ein paar scheue halbflügge Vögel, die aus dem Nest fallen. Der Glaube als Tugend ist das Jasagen Gottes zu sich selbst in der Freiheit des Menschen — habe ich einmal gepredigt. Darum geht es jetzt, genau darum. Bitt und hoff und glaube mit mir, daß der Herr uns arme Petrusse *bald* ans andere Ufer bringt und wieder auf festen Boden stellt. Wir wollen ihn aber nicht mehr für so fest ansehen, als wir es manchmal taten. —

Ich wollte so gerne etwas Zusammenhängendes schreiben. Aber die Lektüre und alles ist so zufällig. Ist das schon ein Segen. Die ersten 10 Wochen waren überhaupt »ohne«. Und dann ist mit diesen gebundenen Händen schreibmäßig nichts zu machen. Die paar Momente, in denen wir los sind, geben nichts aus. Ja, es ist gefährlich ⟨...⟩ Bilder mit gebundenen Händen auf den Tisch zu stellen! Aber es ist

---

[24] Das »graue Gebetbuch« ist: »Im Herrn«, Gebete als Manuskript gedruckt für die deutschen Provinzen der Gesellschaft Jesu. o. J.

ja auch der Engel dort und die Madonna. — Und Gott ist in allen Dingen. [...]

Und nun behüt Dich Gott. Alles Gute. Grüß die Freunde. Ich verlass mich schon auf Dich. Auf Wiedersehn und Gottes Schutz

Georg

7.

An Marianne Hapig/
Marianne Pünder   22. November 1944

Ihr guten Leute, einmal muß ich doch auch versuchen, Ihnen ein paar Worte des Dankes zukommen zu lassen. Da die Zeit der Entscheidung näher kommt — nach der jetzigen Sachlage am 7. oder 8. Dezember — muß man ja mit allem rechnen. Ich tue das, obwohl ich immer noch an das Wunder glaube, das sich zwischen mich und den Galgen stellt. Das Herz der Urbi hat nicht umsonst ein Jahr lang Todesangst gelitten. Sie hat ihr Angebot gemacht im Zusammenhang mit einer Sache, um die es jetzt geht.[25] Das Datum des Briefes: 15. 2. 43 ist so tröstlich — und ihr Opfer wurde angenommen — ein paar Tage nach einer andern Sache, um die es jetzt geht.[26] Ich habe den Brief da, das Sakrament liegt auf ihm.

Der gute Pastor Gerstenmaier[27] sagte mir neulich beim »Zirkus«-Laufen im Kreis, gefesselt — bewacht — aber es geht doch: »Eher hoffe ich mich zu Tode, als daß ich im Unglauben krepiere!« Ecce ...

Gott hat mich beim Wort genommen und aufs Äußerste gestellt. Auf jeden Fall muß ich ihm tausend Ja sagen.

---

[25] Im Februar 1943 waren Besprechungen des Kreisauer Kreises in München.

[26] Wenige Tage vor dem Tod von Frau Urban (13. Juni 1944) besuchten Sperr und Delp getrennt am 6. Juni 1944 Claus Graf Schenk von Stauffenberg (1907–1944) in Bamberg.

[27] Pastor Eugen Gerstenmaier (1906–1986), Mitglied des Kreisauer Kreises, vgl. E. Gerstenmaier, Streit und Friede hat seine Zeit. Frankfurt 1981, 199 ff.

16

Das ist für das Herz manchmal schon rein physisch sehr anstrengend. Diese Tage nach dem Tode von Letterhaus[28] und anderen waren sehr schwer. Ich sehe die Sache für mich persönlich als eine intensive Erziehung Gottes zum Glauben an. Die ganze Art, wie das ganze kam; die Konsequenz, mit der er mir alle Trümpfe aus der Hand schlug und alle Selbstsicherheit in Scherben gehen ließ; die Grausamkeit, mit der schließlich die Aussage, die mich am sichersten an das Unheil bindet, ein Irrtum ist: das alles zeigt, daß ich hier auf eine besondere Frage Gottes Antwort geben muß. Diese Antwort ist schwer, weil sie einerseits dem Ausgang der Sache gegenüber frei sein soll und zugleich in der Hoffnung gegeben werden muß.

Ich gebe mir Mühe und entdecke immer neue Seiten Gottes; die Welt ist Gottes voll, auch das Elend ist Kommen Gottes, Begegnung, Entscheidung und auch Tröstung und Segnung. Sie haben mir soviel schon geholfen. Die Erfahrung, daß ein Stück Brot eine große Gnade sein kann, ist neu für mich. Aber überhaupt das Bewußtsein, daß es Menschen in der Nähe gibt, die Sorge und Sinn für einen haben, ist so oft ein guter Trost. Und wie oft kamen Sie gerade in Stunden der Depression. Ich werde nie vergessen, das 1. Mal am 14. August[29]. Ich hatte gerade der Urbi gesagt, ob sie kein Zeichen des Segens für mich wüßte. — Ich kam gerade von einer elenden Prügelei[30] heim, zerschlagen, trostlos, hilflos: da kamen ganz unprogrammäßig Ihre guten Dinge. Es sind die Dinge selbst, die gute Botschaft sind, mehr noch aber die Dinge als Boten von Menschen, die in die Einsamkeit kommen.

Seit das Sanctissimum da ist, ist die Welt wieder viel schöner geworden, und so will ich mich weiter Gottes

[28] Vgl. Anm. 22.
[29] Delp wurde am 14. August 1944 im neu errichteten Gestapogefängnis Lehrterstraße 3 von Marianne Hapig entdeckt. Vgl. Alfred Delp, Kämpfer — Beter — Zeuge. Berlin 1954, 33—34.
[30] Eugen Gerstenmaier mußte ähnliche Prügeleien über sich ergehen lassen, vgl. E. Gerstenmaier, Streit und Friede, a. a. O., 206.

17

Freiheit und Gottes Güte überlassen und mir Mühe geben, ihm nichts zu versagen. Und doch in der Zuversicht bleiben, daß er uns über den See bringen wird, ohne daß wir untergehen.

Vergelt's Gott für alles und so oder so auf Wiedersehen. Und ein bissel Mitbeten und Mithoffen. Das Ganze aber soll geweihter und gesegneter Same sein. Die Stunden, bis jetzt getragen, waren reich und das, was Gottes Geheimnis will.

Ihr ergebener und dankbarer Max

8.

An Luise Oestreicher   Ende November 1944

LL, herzlichen Dank für die Grüße. Ich hab mich so gefreut darüber. Wie geht es Dir in der Fabrik? Wo? Einigermaßen bombensicher?

Mir geht es gut. Die Entscheidung wird wohl zwischen 8. und 15. XII. sein oder Mitte Dezember. Wenn nicht, wie so oft, wieder etwas dazwischen kommt. Der Herrgott ist doch mit »im Spiel«. Auch wenn es noch so nach unentrinnbarer Logik aussieht. Ich vertraue darauf.

In einer Nacht, es war bald nach dem 15. August, bin ich beinahe verzweifelt. Ich wurde wüst verprügelt in das Gefängnis zurückgefahren, abends spät. Die begleitenden SS-Männer lieferten mich ab mit den Worten: So, schlafen können Sie heute Nacht nicht. Sie werden beten und es wird kein Herrgott kommen und kein Engel Sie herauszuholen. Wir aber werden gut schlafen und morgen früh Sie mit frischen Kräften weiterverhauen. Ich war wie erlöst, als Alarm kam und erwartete die tötende oder die die Flucht ermöglichende Bombe. Beide blieben aus. Und ich sah von dieser Nacht aus den ganzen verhängnisvollen Verlauf, wie er dann auch kam. Gott hat mich gestellt. Nun heißt es dem gewachsen zu sein, so und so. Ich glaube immer noch fest und zuversichtlich an die Hand, die uns nehmen und geleiten wird. [...]

Ich werde allmählich ekelhaft und erzähle immer nur von mir. So egoistisch wird man als »Patient«. Ach, wie gerne wäre ich bei den Menschen in Not und gelte nun selbst nicht mehr als Mensch, nur noch als Nummer. Im Haus hier die Nummer 1442, die Zelle 8/313. Wann ich wohl wieder als P. D(elp) angesprochen werde?

Bete tapfer mit. [...] Bitte die Freunde um Gebet. Behüt Dich Gott. Danke.

Georg

Schade, daß niemand meine Leute etwas betreut hat. Die wissen noch gar nicht, was los ist und worum es geht. Ich versuche jetzt, auf gleichem Weg ihnen zu schreiben, da man keine Post an mich und von mir durchläßt.[31] Eine spezielle Freundlichkeit, wie verschiedene andere, die aber ihren Sinn nicht findet (Inzwischen bin ich wieder angebunden und versuche so etwas hinzumalen.) Grüß die Freunde und sei gesegnet und behütet.

Wie ist es Dold gegangen in Michael[32] und den anderen P. P.?[33] Grüße an alle.

Es scheint, daß die verschiedenen Leute in Mü(nchen) keine Fühlung miteinander halten? Ach, das ist ja alles nicht so wichtig. Hilf mir, uns durchzubeten und durchzuglauben, alle 8.[34] Denn wenn einer fällt, ist das Leben für die andern nicht mehr schön. Glaubst Du an das Wunder? Warum bist Du meiner Frage ausgewichen? Alles Gute.

Georg

[31] Die Gründe für die Anordnung sind ungeklärt! Vgl. Anm. 23.

[32] Am 22. November 1944 wurde die St. Michaelskirche in München bei einem Bombenangriff zerstört.

[33] P. P = Patres. Von den Patres kam keiner zu Schaden.

[34] Die »acht« sind: Helmuth J. Graf von Moltke, Pastor Eugen Gerstenmaier, Franz Sperr (1878–1945) ehem. Bayerischer Gesandter, Dr. Franz Reisert (1889–1965) Rechtsanwalt, Josef Ernst Fugger von Glött (1895–1981) Gutsbesitzer, Nikolaus Gross (1898–1945) Führer der christlichen Gewerkschaften, Theo Haubach (1896–1945) Redakteur.

9.

An Eltern Delp   Ende November 1944

Liebe Mutter, lieber Vater,

vielleicht gelingt es doch, daß irgendwie Nachricht zu Euch kommt. Ich kann mir vorstellen, in wie großer Sorge Ihr seid, zumal da Ihr nicht genau wißt, was los ist. Ich hätte Euch diese Sorge erspart, so gerne und noch lieber als ich mir diese Not erspart hätte.

Meine Verhaftung steht im Zusammenhang mit den Juli-Ereignissen. Ich kannte von beteiligten Leuten einige und man wirft mir vor, ich hätte vorher von den Plänen gewußt und sie nicht angezeigt. Das ist natürlich eine sehr schwere Anklage und die Sorge ist ernst. Aber wir wollen den Mut nicht verlieren und auf den Herrgott, der uns immer noch geholfen hat, vertrauen.

Ich setze alles Vertrauen auf den Herrgott und bitte Euch sehr um Euer Gebet. Nach der jetzigen Sachlage wird die Verhandlung wohl Mitte Dezember sein, Ihr werdet ja dann gleich Bescheid bekommen.

Einstweilen alles Gute und des Herrgott reichen Segen. Über Fritzens[35] Befinden habe ich ein gutes Gefühl. Jetzt aushalten, liebste Eltern, und stehen bleiben unter all der Härte und Last.

Verzeiht mir die Sorge, die ich Euch mache und habt Dank für all das ungezählte Gute, das ihr mir getan. Behüt Euch Gott. Grüßt die Geschwister,

Alfred

9a.

An Prof. Dr. Fritz Valjavec   November 1944

Lieber Freund,

herzlichen Dank für Ihre treue Güte. Die »Zusammenarbeit« hätten wir uns ja auch anders vorgestellt. Aber

---

[35] Fritz Delp (geb. 1921), jüngster Bruder Alfred Delps, war zu diesem Zeitpunkt im Krieg vermißt.

vielleicht kommt sie doch noch. Obwohl ich mir über die Lage klar bin, glaube ich an den Herrgott als den Herrn des Schicksals. Und ich habe trotz allem die ganzen 19 Wochen hindurch ein gutes Gefühl gehabt und habe es noch. — [...]

Ihnen alles Gute, viel Glück zu Ihren Arbeiten und Plänen und den reifenden und schützenden Segen Gottes und Ihren Menschen

Dank   Ihr Dp

10.

An P. Franz von Tattenbach   1. Dezember 1944

Lieber Tatt, treuer Freund und Kamerad. Herzlich Vergelts Gott für alle Ihre Güte und Treue. Ich kann nur immer wieder dem Herrgott sagen, daß er dafür gut sein muß, für so viele Güte, die auch in diese Einsamkeit hinein noch spürbar und wirksam ist.

Das ist überhaupt manchmal eine bittere Erkenntnis, daß ich spüre und weiß, wieviel ich den Menschen schuldig geblieben bin. Die Hauptsachen sehe ich ja jetzt erst ein. Ich glaube, der Wurm im Apfel ist überwunden ... Sie müssen sich keine Sorge machen, Freund, ich weiß schon, wie es steht und daß es natürlicherweise so gut wie aussichtslos ist. Nun gehört ja das Gehaltensein irgendwie zu unserem Lebensstil, von dem ich nie so viel verstanden habe wie jetzt. Trotzdem habe ich immer noch ein gutes Vertrauen und eine gute Zuversicht.

Das Leben ist in diesen 19 Wochen ungeheuer plastisch geworden und hat sich in all seinen Dimensionen enthüllt. Gott und Tod und Freiheit und Wunder und Führung und Übergabe und Vertrauen: das gehört alles so selbstverständlich dazu. Früher war doch vieles verstellt. [...]

Behüt Sie Gott. Heut ist Herz Jesu-Freitag. Schon immer eigene Tage für mich. Am Herz Jesu-Fest habe ich den

Opferbrief bekommen, den Sie ja kennen. [36] Der Tag heute war schön. Obwohl wir nachher an- und abgeschlossen sind, bekommt er sein Herzstück in der Messe. Wir beten und vertrauen und sind gar nicht bescheiden in unseren Erwartungen Gott gegenüber. Moltke, Fugger und Gerstenmaier (Pastor) und ich machen zum 8. gerade unsere zweite Novene. Betens a bissl mit. Alles Gute. Gottes Segen und herzlichen Gruß

Bullus [37]

11.

An Marianne Hapig/Marianne Pünder   1. Dezember 1944

Ihr guten Leute, herzlich vergelt's Gott für all die Güte und Sorge. Wie ich nur das gutmachen soll? Das ist überhaupt manchmal eine Kümmernis, die Sorge und die Erkenntnis, den Menschen vieles schuldig geblieben zu sein. Jetzt erst wird Gott die eigentliche und eigenste Kraft und schöpferische Unruhe. Halten wir Ihm halt weiter die gefesselten Hände als Anerkennung der inneren Bindung hin und setzen wir weiterhin die ganze Existenz auf ihn. Daß sich das ganze Leben so in ein Wort der Anbetung und Übergabe sammeln kann! Und auch des Vertrauens! Haben Sie nicht die Aufforderung gespürt, die in dem den ganzen November hindurch gleichen sonntäglichen Kommunionvers lag? [38] Man muß von Gott auch groß verlangen können.

Heute ist ein schöner Tag. Herz Jesu-Tage waren in meinem Leben immer eigene Tage. Am Herz Jesu-Fest hab

---

[36] Den Opferbrief von Frau Urban erhielt Delp am 17. Juni 1944. Frau Urban hatte ihn in einem doppelten Umschlag einer Freundin anvertraut, die, nachdem sie vom Tode von Frau Urban erfahren hatte, Delp den Brief überbrachte.

[37] Den Namen »Bullus« hatte Delp während seiner Präfektenzeit in der Stelle Matutina/Feldkirch von seinen Jungen erhalten. Er rührt von dem englischen Motorrad-Rennfahrer Thomas F. Bullus her, der zwischen 1928 und 1932 für NSU Preise gewann, und der Delp sehr ähnlich gesehen haben soll.

[38] Mk 11,24: Alles, worum ihr betet und bittet — glaubt nur, daß ihr es schon erhalten habt, dann wird es euch zuteil.

ich den Opferbrief der Urbi bekommen.«Ut eruas a morte et alas eas in fame.« Diese schönen Worte im Introitus[39]. Am Herz Jesu-Freitag im Oktober habe ich mittags zelebriert und in diesem Gebet die ganze Not geklagt, die einen manchmal überkommt. Das ganze Geschick sammelt sich ja manchmal in die Last einer einzigen Stunde.

Ein paar Minuten nach der Messe kam Alarm, und dann fielen die Bomben, die eine so nahe vor der Zelle, daß ich lange nicht wußte, wie mir war. Ut eruas a morte ... und heute mittag konnte ich mir sogar einen festtäglichen Kaffee leisten![40] Danke!

Am Sonntag werde ich die Messe für Sie und Ihre Sorgen lesen. Dies ist doch wunderbar, daß der Herr mit seinen Geheimnissen da ist und auch die gebundene Hand wirksam segnen und weihen darf. —

Heute tauchte die Möglichkeit auf, daß die Entscheidung[41] vielleicht sogar bis Weihnachten oder darüber hinaus verschoben wird. Ich habe die Urbi sowieso im Verdacht, daß sie ihr verdientes Wunder »abstottert«. Mir soll es recht sein. — Die beiden Frauen, die ich angab, sind immer ganz gut im Bild. Die haben irgendwelche Wege zum VGH[42]. Vielleicht einmal über Poe(lchau)[43] Verbindung aufnehmen. Für mich wäre wichtig zu wissen, ob ich bei der Anklage bei den anderen bin oder wieder extra tanze und was dahinter steht. —

Könnten Sie versuchen, an Sperr[44] auf dem bekannten Weg den Inhalt beiliegenden Blattes zu besorgen? Aber

[39] Ps 33,19.
[40] Für Delp war Bohnenkaffee hineingeschmuggelt worden.
[41] Die Gerichtsverhandlung.
[42] VGH = Volksgerichtshof. Die Namen der beiden Frauen sind nicht bekannt.
[43] Dr. Harald Poelchau (1903—1972), Evangelischer Gefängnispfarrer in der Haftanstalt Tegel, Mitglied des Kreisauer Kreises. Vgl. H. Poelchau, Die letzten Stunden. Berlin 1949.
[44] Es geht um die irrtümliche Aussage Sperrs, Delp habe ihm vor dem 20. Juli 1944 über das geplante Attentat auf Adolf Hitler berichtet. Dies ist der »Sperrhaken« und deshalb liegt Delps Kopf in der »Donaustraße«. Sperr wohnte in München in der Donaustraße.

bitte, wenn möglich, erst ins Leserliche übersetzen. Wer Sp(err) betreut und ihm die Sachen besorgt, weiß Poe(l-chau).

Der Herrgott holt uns von allen Postamenten herunter, wenigstens mir ging und geht es so. Was ich sonst so elegant und selbstsicher unternahm, um auszukommen, ist zerbrochen. ER hat mich eingefangen und gestellt. Ich weiß noch die Stunde in der Lehrterstraße, in der ich ihm gesagt habe, von jetzt ab kümmere ich mich um die Sache nicht mehr, sie gehöre jetzt ihm. Wenn es gehe, möge er der Urbi schenken, daß es von jetzt ab ohne Prügel und ohne »Arena« (Gericht) und ohne Fragen gehe. Ohne Prügel ist es seit diesem Tag gegangen.

Und nun behüt Sie Gott. Und mehr und tiefer als sonst wissen wir ja diesmal, daß alles Leben Advent ist.

Ihr dankbarer Max

Ich versuche die Betrachtung täglich über eine Anrufung der Herz Jesu-Litanei kurz aufzuzeichnen.[45] Schicken Sie die Blätter an Luise, die weiß, wo die Sachen hingehören. Danke. —

Heute, Samstag, heißt es plötzlich, es sei schon bald Termin, in den nächsten Tagen. Nichts Gewisses, aber doch wieder ein Blitzlicht auf die Situation auf dem Seil.

Bitte dem Pfarrer in Lampertheim[46] mitteilen, daß von den Briefen nicht gesprochen werden soll.

Eben Nachricht, daß nächste Woche noch nichts ist, wenn nicht Termin ganz plötzlich angesetzt wird, was ja auch möglich ist. Bitte deshalb, die Sache mit Sp(err) so schnell wie möglich besorgen.

Bitte,[47] wenn möglich, einen Bleistift und etwas Tinte hereingeben. Danke.

[45] Vgl. S. 242 – 262.
[46] Pfarrer Heinrich Theodor Schäfer (1889 – 1949), Pfarrer in Lampertheim (1935 – 1949).
[47] Dieser Text ist mit Bleistift hinzugefügt.

12

An Maria Delp   Anfang Dezember 1944

Liebe Mutter, recht herzlichen Dank für Deine guten Grüße
und Wünsche. Es tut mir sehr leid, daß ich Dir solche
Sorgen und solche Not bereite. Gott weiß, was er von uns
will und da wollen wir nicht nein sagen. —

Liebe, gute Mutter, laß Dir einmal von Herzen danken
für Deine Güte und Sorge und Treue, die Du immer für
uns hattest. Wir sind solche Leute, die das wohl wissen
und empfinden, die es aber meist nicht fertig bringen, es
zu sagen. Ich weiß, was ich Dir verdanke. Alles, was gut
ist und schön und recht in meinem Leben, das verdanke
ich Dir. Wir hätten nur öfter von diesen Dingen sprechen
sollen miteinander. Aber wenn ich wiederkomme, dann
soll es vorbei sein mit diesem falschen Leben. Wenn wir
uns wiedersehn, dann nimmt der große Bub seine Mutter
in den Arm und gibt ihr einen herzhaften Kuß und dann
sagen wir zusammen dem lieben Gott Dank, gelt, Du?

Grüß alle recht schön. Bis Du diese Zeilen bekommst,
ist die Entscheidung wohl schon gefallen und wir wissen
mein Schicksal. Wie es auch immer sein mag, Mutterle,
Gott nicht böse sein. Er hat es gut gemeint.

Beten wir füreinander und miteinander. Grüß alle recht
herzlich. Dir alles Liebe und Gute

Alfred

13.

An Luise Oestreicher   5. Dezember 1944

LL., verzeih, daß ich neulich so gebettelt habe um ein Wort
des Glaubens. Ich wollte wirklich wissen, ob Du noch
an mich und mein Wiederkommen glaubst, ganz ehrlich.
Manchmal möchte ich das wirklich und so aus der Einsam-
keit heraus. Ich glaube noch an mich, aber sonst gibt mich
doch alles auf. Man hat mich sehr ernst ermahnt, den

Tod doch ernster zu nehmen und die Sachlage nicht zu verkennen. Gute Freunde haben mir das geschrieben, usw.

Daß ich auf dem Seil bin, weiß ich. Daß ich ohne Gottes besondere Hilfe und besonderen Segen nicht rüberkomme, weiß ich auch. Aber ich glaube daran, daß er mir helfen wird und ich sag ihm das jeden Tag. —

Wann nun die Entscheidung ist, ist wieder ganz offen. Gestern sah es so aus, als ob sich die Sache bis nach Weihnachten verzögerte. Heute heißt es wieder, bereits nächste Woche. Deus providebit [48]. Auf jeden Fall weiß ich jetzt, was es ist, aus seiner Hand zu leben. Das hätten wir ja immer sollen, aber ich habe manchmal doch sehr auf eigene Faust und Sicherheit gelebt. Und ich bin dadurch so vielen Menschen so vieles schuldig geblieben. Auch Dir [...] So aber wirst Du erfahren, daß ich ein Segen sein will und werde für Dich.

Behüt Dich Gott und allen Freunden gute Grüße

Georg

(Dank [49] für die Zahnsache. Tut sehr gut.)

Hab keine Angst, ich geb mir schon Mühe, ihm nichts zu versagen.

14.

An Marianne Hapig/Marianne Pünder   8. 12. 1944

Bitte Dr. Delp bestellen: [50]

1. In einer Stunde kommt Herr Franz zur Besprechung wichtigster persönlicher Angelegenheit [51].

Welche Freude [52]

[48] Das Zitat (Gen 22,8) stammt aus dem Bericht über das Opfer Abrahams und die Probe des Gehorsams durch Jahwe.

[49] Der folgende Text ist mit Bleistift an den Rand geschrieben.

[50] Diese »Bestellzettel« lagen offen der Wäsche bei, die in einem Korb von den »Mariannen« überbracht wurde. Delp las die Zettel in seiner Zelle schnell durch und notierte Fragen und Grüße, bevor er den Korb mit der »alten« Wäsche zurückgab.

[51] Die Ablegung der letzten Gelübde in die Hände von P. Franz von Tattenbach SJ.

[52] Dies sind kommentierende Anmerkungen Delps.

2. Heute ist der vom 15. August 1944 verlegte Gelübdetag von Max.

Gott ist gut.[52]

3. Freund Franz avancierte und hat für seine Jugend große Vollmachten.

Gratuliere herzlich![52]

4. Angriff vom 5. Dezember haben alle Bekannte hier gut überstanden.

Wir hier Gott Dank auch[52]

5. Von den Eltern und aus München kamen gute Nachrichten.

Gruß an alle[52]

15.

An P. Franz von Tattenbach   9. Dezember 1944

L. T., Vergelts Gott und danke, danke. Verzeihe, daß ich weich geworden bin. Es war so viel auf einmal. Und diese Erhörung! Die ganzen Tage der Novene auf den 8.[53] habe ich um eine Botschaft des Erbarmens gebetet. Und dann diese Erfüllung. Calculo mundasti ignito[54]. Ich hoffe, daß meine Lippen waren rein und mein Sinn aufrichtig und ehrlich. Ich habe endgültig mein Leben weggesagt. Nun haben die äußeren Fesseln gar nichts mehr zu bedeuten, da mich der Herr der vincula amoris[55] gewürdigt hat. Es war ein Schatten, daß es so aussah, als habe mir Gott den 15. Aug.[56] nicht zugedacht. Er hat mich nur vorher bereiten lassen. —

[53] Auf den 8. Dezember 1944 hin beteten vier Gefangene eine Novene. Sie gingen von der Unterstellung aus, an diesem Tag beginne die Verhandlung vor dem Volksgerichtshof.

[54] Is 6,6.

[55] Vincula amoris (Hosea 11,4) Wort für die feierlichen Ordensgelübde, wie sie in Anlehnung an die Konstitutionen des Jesuitenordens wohl von P. Albert Steger SJ (1884–1958) während des Terziats gebraucht wurde.

[56] Delp sollte am 15. August 1944 seine letzten Gelübde ablegen, wurde aber am 28. Juli 1944 von der Gestapo verhaftet.

Dank auch für alle Sorge um meine Leute usw. Es ist mir eine große Hilfe, dies zu wissen, es mag mir gehen, wie es will.

Daß Dr. W. [57] verloren ist, hab ich gewußt, sobald ich heraushatte, weshalb er da ist. Denn das sollte natürlich nie bekannt werden.

Zur Sache: Ich weiß schon, daß es hart auf hart geht. Trotzdem nehme ich den Herrgott ernst, sehr ernst, wo er uns sagt, daß es ein Vertrauen gibt, das Gewalt über ihn hat. Es ist manchmal anstrengend, sich in der Freiheit zu halten und doch im Vertrauen zu bleiben.

Mit *Kreisau* [58] könnten wir vielleicht herauskommen. Die Wahl des neuen Anwalts [59] finde ich günstig.

Für mich das Wichtigste ist, die letzten irrtümlichen Aussagen des Sperr wegzubringen. Der Anwalt muß versuchen, den Mann in die Verhandlung zu bringen und nicht nur seine Aussage. — Die andere Belastung aus Köln [60] ist weg, wenn es gelingt, den Mann zu bringen. Der ist bereit umzufallen. Er ist auch bereit, einen Brief zu schreiben, aber dazu versuche ich zunächst Sperr zu bringen. Beides wäre zu auffallend. Außerdem hat Letterhaus [61] über das gleiche Gespräch in meinem Sinn ausgesagt.

PS:

Der Tag war noch sehr schön. Bald nach Mittag hab ich mich wieder derfangen. Lassen Sie viel beten für mich. Ich bin selbst erstaunt und beschämt, daß ich so weich wurde. Es war so viel auf einmal. Daß ich mich so gehen

---

[57] Kaplan Dr. Hermann Wehrle (geb. 26. Juli 1899) wurde wegen Beihilfe zum Tyrannenmord angeklagt, als Opfer des Beichtgeheimnisses zum Tod verurteilt und am 14. September 1944 in Berlin hingerichtet. Delp kannte Kaplan Wehrle gut, weil er mit ihm zusammen in der Pfarrei Heilig Blut/Bogenhausen tätig war.

[58] Kreisau meint: alle Planungen innerhalb des »Kreisauer Kreises«.

[59] Wolfgang Hercher, Rechtsanwalt und Notar. Näheres über ihn unbekannt.

[60] Aussage von N. Gross im Verhör.

[61] Vgl. Anm. 22.

ließ, ist mir zum ersten Mal passiert. Ich muß also etwas achtgeben darauf. —

Abends die Messe war gnadenvoll. Beten Sie einmal mit meinem gestrigen Herzen den Intr.![62] Und dann aus meiner Lage das gestrige Abendgebet.[63] Geschlafen hab ich nicht viel die Nacht. Lange saß ich da vor meinem Tabernakel und habe immer nur Suscipe gebetet. In allen Variationen, die einem so kommen jetzt. Spät in der Nacht hab ich zwischendrin aus der Politeia das 7. Buch gelesen: Platons berühmtes Höhlenbild und die ⟨...⟩ von den Schatten zur Wirklichkeit.

Die formula subscripta[64] würde ich bombensicher aufheben. Es wäre für alle Beteiligten[65], wenn sie verloren ging. Ich sollte einen Brief schreiben, daß ich ex[66]. Das als Antwort wäre begeisternd. [...]

Allen herzlichen Dank und gute Wünsche. Tatt, Sie sind ein guter Freund. Es tut sehr wohl, das nicht nur zu wissen, sondern gehört und gesehen zu haben. Seitdem die ganze schwierige Lage so fein gemeistert. Behüt Sie Gott.

Ihr A.

16.

An Marianne Hapig/
Marianne Pünder   10. Dezember 1944

Das war ein Segen. Ihr guten Leute. Das hätte ich mir nicht träumen lassen. Ich war die Tage vorher etwas herunter und hatte während der Novene zum 8. mir für diesen Tag

---

[62] Der Introitus lautet: »Voll Frohlocken bin ich im Herrn und meine Seele jauchzt auf in meinem Gott; denn er hat mich gekleidet in Gewänder des Heils, hat mich umhüllt mit dem Mantel der Gerechtigkeit, wie eine Braut im Schmucke ihres Geschmeides« (Is 61,10).

[63] Vielleicht eine Anspielung auf eine Strophe aus dem Hymnus: »Ave, maris stella«: »Solve vincla reis, profer lumen caecis, mala nostra pelle, bona cuncta posce.«

[64] Formula subscripta meint: Die Urkunde, auf der Delp die Gelübdeformel als rechtskräftig unterschrieb.

[65] Hier fehlt das Wort: bedauerlich.

[66] »Daß ich ex«: das kann nur bedeuten: man hatte Delp aufgetragen oder geraten, aus dem Orden auszutreten, um so sein Leben zu retten.

ein Zeichen der Zuversicht und der Erbarmung erbettelt. Daß dies so reich und so gütig kommen würde: der Besuch dieses Mitbruders mit dieser Gabe![67] Soll noch ein Mensch sagen, der Himmel sei stumm und es gäbe dieses lebendige Hin und Her zwischen dort und uns nicht. Es ist aber immer gut und aufrichtend, wenn man es wieder einmal erfahren hat.

Ich danke Ihnen und allen, die mitgeholfen haben an diesem gesegneten Tag. Das Leben hat nun mal so seine gültige und endgültige Form bekommen. Das äußere Schicksal ist nur noch Gelegenheit zu Bewährung und Treue.

Der Tag hat mir viel Auftrieb gegeben. Zunächst war ich der Fülle nervenmäßig nicht gewachsen und bin leider weich geworden. Aber ich sitze jetzt die 20. Woche auf dem Seile und warte auf den Wink zum Start. Das gilt vielleicht auch ein wenig.

Ihnen herzlich Vergelts Gott! Ihre Sorge nehme ich mit zu meinen und am Montag die Messe ⟨...⟩ eigens für Sie. Die Verwirklichung vieler Dinge hängt vom Vertrauen ab, mit dem wir sie erwarten und erhoffen und erbeten. Daran soll es nicht fehlen. Bitte mithelfen, damit wir nicht müde werden.

An der S(perr)-Angelegenheit läge mir schon viel, weil viel von ihr abhängt. Läßt sich was tun?

Einen guten Sonntag im Advent wünsche ich Ihnen in der Gnade des kommenden Festes

Max

17.

An P. Franz von Tattenbach   13. Dezember 1944

L. T., noch einmal herzlich Vergelts Gott für den vielfachen Segen, den Sie gebracht haben. Erst allmählich erfaßt das Neue die innere Welt. Und breitet sich aus wie eine große

[67] Die Erlaubnis und der Auftrag, die letzten Gelübde Delps im Namen der Kirche entgegenzunehmen.

30

Ruhe und Wärme. Es ist alles so sehr gefügt. Ich war gerade in einer kritischen Phase, in der ich sehr unter der Vereinsamung litt. Manchmal schweigen auch die Himmel und von den Freunden hörte und sah ich der Sache nach nichts. Ich habe für den 8. mir buchstäblich eine Aufrichtung und eine Botschaft des Erbarmens erbetet. Und siehe da!

Auch daß Sie sich um die Sache angenommen haben, tut gut. Das Bewußtsein, daß ein besserer, interessierter Mensch hinter her ist, hilft. Der Anwalt hat bis jetzt noch keine Sprecherlaubnis. Er war gestern zum zweiten Mal bei uns und da habe ich mich bei ihm melden lassen. Er kam kurz vorbei und sagte, er habe noch keine Erl(aubnis); diese aber beantragt. Ob man da noch nachhelfen muß?

Übrigens: die Bombenschadensabrechnungen[68] geben auch einen guten Gesprächsstoff. Da muß noch ein Haufen Zeug herumliegen.

Grüßen Sie die Freunde: Fix[69], Joseph aus der Blumenau[70], Max Bernauer[71], Knigge[72] usw. usw. Laplace[73], Dominique[74], Secchi[75] nicht vergessen. Alles Gute. Nun ist eher Advent, ich freue mich schon sehr bis M(ontag) gegen Abend.

Behüte Sie Gott und Vergelts Gott für alles

B(ullus).

---

[68] Es handelt sich um Abrechnungen nach den Bombenzerstörungen an Kirche und Pfarrhaus von St. Georg/Bogenhausen. Sie sollten als Vorwand für einen Besuch von P. von Tattenbach bei Delp dienen.

[69] P. Franz Xaver Müller SJ (1897—1974), von 1945—1951 Provinzial der Oberdeutschen Jesuitenprovinz.

[70] P. Josef Kreitmaier SJ (1874—1946), 1927—1936 Schriftleiter und Oberer der STIMMEN DER ZEIT. Wohnte in der »Blumenstraße«.

[71] P. Max Pribilla SJ (1874—1956), Mitarbeiter der STIMMEN DER ZEIT. Wohnte in der Agnes-Bernauer-Straße.

[72] Vgl. Anm. 9.

[73] Vgl. Anm. 13.

[74] Nicht geklärt.

[75] Stadtpfarrer Max Blumschein (1884—1965) wohnte am Secchiplatz; vgl. Kassiber 73.

18.

An Luise Oestreicher   13. Dezember 1944

LL., einen herzlichen Gruß. Von den schönen und reichen
Stunden dieser Woche wirst Du gehört haben. Das war
eine große Überraschung und eine große Gnade und Hilfe.
Ich war gerade etwas herunter, aber jetzt bin ich wieder
oben. —

Leider habe ich Deine Sorgen um Gusti[76] vernehmen
müssen. Ich nehme ihn fest in mein Gebet und ins Ver-
trauen. Ist schon irgendeine Nachricht da? Doch die wirst
Du mir ja vielleicht selbst bringen. —

Vergelts Gott für Deine Bereitwilligkeit, mit der Du
Dich meiner Mutter[77] und der Kleinen annimmst. Und für
so vieles andere. [...]

Vielleicht schreibst Du für die Bertel[78] von den Advents-
sachen etwas ab, die Gestalten oder sonstwas. Sie hat viel
von den Sachen und wir haben sie im Sommer, als die
Lawine über sie kam, etwas sehr sitzen lassen. — Über-
haupt, magst Du diese Papiere, die ich da in den sparsamen
Momenten, die wir ohne Fessel sind, zusammenkritzle,
oder nehme ich Dir nur Deine sparsame Freizeit weg damit?
Laß mich bitte wissen, aber nicht als Mitleidsbotschaft. —

Das war eine lange Erziehung vom 15. 8. bis zum 8. 12.
Aber jetzt ist es eben doch geworden und die äußeren
Fesseln sind nur ein herbes Symbol für die Bindungen der
freien Hingabe, die der Geist vollzogen hat. Hilf mit beten
und hoffen und vertrauen und aushalten. [...] Ich geh mit

---

[76] Gusti Oestreicher (1912—1944) war nach einem Bombenangriff auf
Düren am 16. November 1944 verschollen und wurde erst nach Tagen im
Keller eines Hauses, nahe dem Bahnhof, tot aufgefunden.

[77] Die Mutter von P. Delp, Maria Delp (1881—1963), und ihre Enkelin,
Marianne Kern (geb. 1938), hielten sich ab 6. Dezember 1944 im Raum
München auf.

[78] Bertel Vorbach (1911—1970), 1946 Eintritt in den Karmel, Gründe-
rin des Karmels in Dachau.

Dir den Gusti suchen. Grüße Deine Leute und die Freunde alle. Dir alles Gute und behüt Dich Gott in den Fährnissen dieser harten Zeiten

Georg

19.

An Luise Oestreicher   vor 15. Dezember 1944

LL, wie ich erfahre, bist Du krank. Fahre bitte unter diesen Umständen nicht nach hier. Ich weiß schon, wie das ist bei Dir. Hast wieder zuviel Sorge und Not in Dein Herz genommen und nun bist Du wieder einmal an die Grenze der Belastungsfähigkeit geraten oder schon darüber hinaus. Schade, daß ich Dir nur auf der anderen Ebene helfen kann.

Trotz allem wünsche ich Dir gesegnete Weihnachten. Eine tiefe und beglückende Begegnung mit dem Geheimnis des Lichtes, das die Nacht überwindet, sei Dir geschenkt. Von Innen her muß man alles neu beginnen.

Heute Nacht habe ich einen großen Teil des Evangeliums auf einen Zug durchgelesen. Dieses Buch liest man nie aus. Das Drängende und Einmalige und Sieghafte der Gestalt des Herrn findet immer neue Wege, die Seele anzurühren und aufzuwecken zur Erkenntnis und Bekenntnis und Nachfolge. Und die Aufforderung zu Glauben und Vertrauen steht doch auf jeder Seite. Diese Nacht war sehr schön und ich glaube sehr fest daran, daß der Herr mich über das Seil bringen wird.

Nächste Woche (19./20.) scheint nun doch Termin zu sein. Wo die Henne das Schlupfloch finden soll, weiß ich noch nicht. Deus providebit. — Habt Ihr von Gusti Nachricht? Bitte, sorge für Dich und pflege Dich ordentlich. Grüße Deine Leute und die Freunde.

Behüt Dich Gott. Danke und auf Wiedersehn

Georg

20

An Familie Kreuser   Vor dem 16. Dezember 1944

Liebe Freunde,

es wird Zeit, Euch ein paar herzliche Weihnachtsgrüße zu schicken. Gott möge Euch allen die Nacht, in die wir geraten sind, weiten und wandeln zum Wunder der Befreiung und Befriedung. Adventssehnsucht und Adventsschwermut haben wir jetzt genug getragen und gelitten. Aber wer bestimmt diesen heutigen Ordnungen Maß und Grenze?

Ob ich Weihnachten im Himmel oder auf Erden feiere, weiß ich nicht. Aber wer weiß das schon heute? Nach dem heutigen Stand der Dinge ist nächste Woche (19./20.) Termin. Es ist alles offen. Ich habe immer noch gute Zuversicht, daß Gott uns über das Seil hinüberhilft.

Gute Grüße und Wünsche an alle, auch den »Opa«[79]. Die Kinder sollen gerade weiterwachsen. Das ist vielleicht der letzte und beste Dienst an der kommenden Zeit: den guten Samen immer wieder hineinzusenken in die jungen Herzen und Gemüter.

Herzlichen Dank für alle Güte und Treue. Ich hätte sie gerne anders gelohnt. Wenns Gott uns noch einmal schenkt, werd ichs versuchen — wenn nicht, dann auch. Es gibt ja ein lebendiges ⟨...⟩.

Alles Gute und immer Gottes Schutz und Segen über alle. Behüt Euch Gott

A.

21.

An Maria Delp   Anfang Dezember 1944

Liebe Mutter,

herzlichen Dank für Deine Grüße und Deine lieben Worte. Nur nicht müde werden, Mutterl, der Herrgott

---

[79] Adolf Weber (1876—1961), Professor für Volkswirtschaftslehre an der Universität München. Delp betrachtete sich als sein »geheimer Schüler« und führte des öfteren Gespräche mit ihm.

macht schon alles recht. Beten und hoffen — hoffen und beten. — Hoffentlich ist es Euch in München gut gegangen.[80] Ich freue mich, daß Du gut aufgehoben bist. Und auf dem Land draußen wird es Dir auch gut gefallen. Grüße an Lehrers[81] und in Wolferkam[82] an alle. — Mir geht es gut. Ich glaube, ich werde ganz schöne Weihnachten feiern. Mit dem Herrgott allein. — Ist Greta[83] schon in München? Gebt auf Marianne[84] gut acht und bitte, nicht verziehen, gelt! Und nur guten Mut, liebe Mutter. Der Herrgott läßt uns schon nicht sitzen. Du wirst sehen, es kommt alles zu einem guten Ende und Du bekommst Deine 3 Buben wieder. Das Christkind gebe Dir viel Freude ins Herz,

Dein großes Sorgenkind

22.

An Luise Oestreicher   16. Dezember 1944

LL, o Du, das war ein Geschenk. Sind wir doch beide ganz tapfer, gelt? Eigenartig, wenn man zweifach zugleich lebt, anders spricht, anders weiß, anders empfindet. Leise habe ich heute gehofft, Du brächtest ein Adventslicht unter dem Titel »Mantel«. Aber Du wirst wohl schon weggefahren sein.

Ausschauen tust Du gar nicht gut. Aber warum dann auch schon? Wenn Du lauter solche anstrengende Freundschaften hast, wie mich, dann gleich gar nicht. —

Hoffentlich gelingt es morgen, die Adventsfreude[85] hinauszugeben. Da hast Du was zu entziffern für die Feiertage. [...]

[80] Ende November 1944 waren schwere Luftangriffe auf München.
[81] Hauptlehrer Andreas Rothemund (1892 – 1978).
[82] Vgl. Gesammelte Schriften I, 297 – 304.
[83] Greta Kern (geb. 1914), Schwester Delps; vgl. Kassiber 79.
[84] Nichte Delps.
[85] Vgl. Gesammelte Schriften IV, 149 ff.

Heute habe ich meinen Anwalt gesprochen. Aber es ist und bleibt so: Mein Kopf liegt in der Donaustraße[86]. Wenn hier nichts flüssig wird, ist gar nichts zu machen. Da müssen wir halt beten, daß dort auch Wunder geschehen. Hilfst Du mir weiter mit? [...]. Ach, es ist so gut, wieder einmal einen guten Menschen gesehen zu haben. Wenn ich Dir nur etwas von den Sorgen nehmen könnte.

Sorge bitte, daß in Ecking[87] jemand auf die Marianne[88] schaut, der Hauptlehrer[89] vielleicht oder Anneliese[90] oder Mändi[91].

Behüt Dich Gott, und gesegnete Weihnachten. Hilf mir aushalten, sonst zerreißt es mich wieder. Und dabei alles so aussichtslos wie am ersten Tag. Hilf beten, Du, daß der Riegel bricht, dieser und dieser. [...] Nun bet mit, daß ich rüber komme. Ich meine heute, ich müßte einfach davonlaufen. Dafür kommt gleich der Fessler. Grüß Gott und behüt Dich Gott

Georg

Es geht schon wieder. Erbet mir für Weihnachten den Umfall der Donaustraße. Der Mann muß einen Brief schreiben. — Vielleicht, wenn es genehmigt wird, brauche ich nach Weihnachten eine Schreibkraft für einige Tage.

Daß Du im August[92] hier warst, hab ich mit allen Fasern gespürt.

23.

An Luise Oestreicher   16. Dezember 1944

LL, ob dies ein Abschiedsbrief ist oder nicht, ich weiß es nicht. Das wissen wir heute ja nie. Ich schreibe diese Zeilen,

---

[86] Donaustraße = Wohnung Sperrs; vgl. Anm. 44.
[87] In Ecking am Simssee lebten seit Ende 1944 Mutter und Nichte Delps.
[88] Vgl. Anm. 84.   [89] Vgl. Anm. 81.
[90] Nicht geklärt.
[91] Ruth Kiener-Flamm (geb. 1914), mit Delp befreundete Künstlerin.
[92] L. Oestreicher war am 10. August 1944 in Berlin gewesen. Aber damals hatten die Mariannen den Aufenthaltsort Delps noch nicht entdeckt. Dies gelang erst am 14. August 1944.

von denen ich nicht weiß, ob und wann sie Dich erreichen, nicht als »letzten Gruß«. Irgendwo glaube ich fest und sicher an das Leben und an eine neue Sendung, wobei ich genau so ehrlich bin zu sagen, daß ich mit Menschenaugen wenig Möglichkeit dafür sehe. [...]

Wie es mir geht? Da ist nicht viel zu sagen. Wenn die Donaustraße[93] bei ihrer Aussage bleibt, sterbe ich. Wenn sie Vernunft und Einsicht genug hat, zu revidieren, läßt sich die Sache vielleicht mündlich noch richten. Vielleicht. Amtlich und aktenmäßig bin ich abgeschrieben.

Was Eleganz und Selbstsicherheit hieß, das ist alles ganz und gründlich zerbrochen. Schmerzlich. Hab keine Sorge, ich bemühe mich, kein Kleinholz zu machen, auch wenn es an den Galgen gehen sollte. Gottes Kraft geht ja alle Wege mit. Aber es ist manchmal schon etwas schwer. Georg[94] war in manchen Stunden nur mehr ein blutiges Wimmern. – Inzwischen ist Abend. Wir kommen heute wenig zum Schreiben, da wir die meiste Zeit, tags und auch nachts gefesselt sind. – Aber Georg hat immer wieder versucht, dieses Wimmern zu verwandeln in die beiden einzigen Wirklichkeiten, um derentwillen es sich lohnt, da zu sein: Anbetung und Liebe. Alles andere ist falsch. Glaub mir, diese Wochen sind wie ein bitteres und unerbittliches Gericht über das vergangene Leben. Es ist ja nicht vergangen. Es steht da als große Frage und will seine letzte Antwort, seine Prägung. Wenn ich noch einmal darf ...

Ja, wenn und ob ich noch einmal darf! Gott hat mich einmal so ausweglos gestellt. Aber, was ich unternommen habe, ist mißlungen. Eine Tür um die andere ist zugefallen. Auch solche, die ich für endgültig offen hielt. Von außen kam keine Hilfe, konnte wohl auch nicht. Was innen passiert, darüber sei lieber geschwiegen aus Ehrfurcht vor dem Menschen. So bin ich jetzt gestellt, in eine enge Zelle gesperrt und gebunden: es gibt nur zwei Auswege: den

[93] Meint die irrtümliche Aussage Sperrs.
[94] Delp berichtet von sich selbst.

über den Galgen in das Licht Gottes und den über das Wunder in eine neue Sendung. An welchen ich glaube? Im »Kindergarten des Todes« — jeden Tag werden wir eine Stunde im Freien herumgeführt, stur im Kreis, gut bewacht, mit Gewehren etc. Alle anderen Menschen werden vorher verscheucht. Da gehen wir dann im Kreis, alle gefesselt, Grafen und Beamte, Offiziere und Arbeiter, Diplomaten und Wirtschaftler. An manchen Ecken kann man gegen die Wand sprechen, dann hörts der Hintermann. So werden die Gespräche im »Kindergarten des Todes« geführt. Fragte ich gestern einen protestantischen Mitbruder, ob wir noch einmal Gottesdienst hielten? Aber sicher, sagte er. Eher hoff ich mich zu Tod, als daß ich im Unglauben krepiere. —

Ich habe in diesen Wochen für Jahre gelernt und nachgelernt ...[95]

24.

An Marianne Hapig/
Marianne Pünder   16. Dezember 1944

Ihr guten Leute! Herzlich Vergelt's Gott für alle Sorge und Liebe, die ich immer wieder erfahre. Ich wünsche Ihnen nicht, daß Sie einmal erfahren müssen, wie wohl diese Güte und Treue tut. Der Herrgott möge es Ihnen auf seine Weise zeigen.

Heute war der Anwalt da, und ich kenne jetzt wenigstens die Anklagepunkte[96]. Ein Kunterbunt übelster Art. Das meiste ist nicht schlimm. Damit läßt sich fertig werden. Aber die Sp(err)-Aussage tötet mich. Ich bitte Sie unbedingt und sehr, noch einmal Nachricht (siehe Beilage) zu versuchen. Der Mann muß schreiben. Denn was der Vorsitzende

[95] Der weitere Text ist durch Wassereinwirkung gänzlich unleserlich.
[96] Der Text der Anklageschrift liegt nicht vor. Die einzelnen Punkte der Anklage lassen sich aus den Kassibern der nächsten Wochen und aus den zur Verteidigung vorbereiteten Texten erschließen.

des Volksgerichtshofes nicht vorher zu Hause liest, das wirkt nicht. In den Verhandlungen nimmt er nichts mehr zur Kenntnis. Bitte versuchen Sie über Frau Dr. Rei[97] oder sonst und probieren Sie, ein Echo mit ihm auszumachen, eine Frage, auf die Ja geschrieben bedeutet, oder so was ähnliches. Und helfens mir, vom Christkind mir diesen Brief, der meinen Kopf bedeutet, zu erbetteln. Die Verschiebung ist eine große Gnade, da ich nach Kenntnis der Anklage ganz anders vorbereiten kann. Bitte tintenfähiges Papier, da ich für den A(nwalt) eine Verteidigung schreiben soll. Ebenso die Mitteilungen zu Dr. Rei recht bitten weiterzugeben.

Ist es möglich, dem Wäscheboten etwas zu Weihnachten zu besorgen? Ebenso dem Mann[98], den Sie neulich besucht haben? Besuch hat sich sehr gut ausgewirkt. —

Ich glaube, daß V(erhandlung) auch verschoben ist, da Freisler anscheinend wegmußte. —

Vergelt's Gott und ein helles Licht Gottes in diese letzte Adventswoche. Auf Wiedersehen

Ihr dankbarer Max

Ebenso möchte ich dringend und umgehend erfahren, ob Jakob[99] und Siemer OP[100]. verhaftet sind. Vorher kann ich meine Verteidigung nicht fertig ausarbeiten. Und als Christkind den Sperrbrief erbeten.

---

[97] Meta Reisert (1898−1972), Frau von Dr. Franz Reisert.
[98] Am 6. Dezember 1944 hatten die Mariannen den Hauptwachtmeister von Haus I des Strafgefängnisses Tegel in seiner Wohnung besucht; vgl. G. Ehrle (Hrsg.), Licht über dem Abgrund. Freiburg 1951, 199.
[99] Jakob Kaiser (1888−1961), Landesgeschäftsführer der Christlichen Gewerkschaften in Rheinland und Westfalen; vgl. Erich Kosthorst, Jakob Kaiser, in: Zeitgeschichte in Lebensbildern II. Mainz 1975, 143−158.
[100] P. Laurentius Siemer OP (1888−1956), 1932−1946 Provinzial der deutschen Dominikanerprovinz; vgl. Laurentius Siemer OP, Aufzeichnungen und Briefe. Frankfurt 1957.

25.

An Franz Sperr   16. Dezember 1944

Sp(err)[101]: Da wir jetzt doch getrennt verhandelt werden
— ich soll so nebenbei einfach durch das Verlesen Ihres
Protokolls erledigt werden — bitte ich sehr, die Änderung
der Aussage umgehend durch Brief an den Vorsitzenden
des V.G.H. und durch *Abschrift* an den Pflichtverteidiger
des P. D(elp) beim V.G.H. zu machen. Der Brief ist wichtig
und muß bald kommen, da der Vorsitzende sein Urteil zu
Haus beim Aktenlesen macht und nachher nichts mehr
ändert. Außerdem wird eben nach jetziger Sachlage zu
mündlicher Änderung keine Gelegenheit sein. Bitte geben
Sie irgendwie Bescheid, damit ich weiß, wo ich dran bin.
— Ich arbeite gerade einen Schriftsatz aus, bei dem ich
versuche, auch für Sie möglichst viel herauszuholen.
Ebenso hat Mo(ltke) einen ausgearbeitet, der auch ver-
sucht, Ihnen zu helfen. Bitte Antwort.

26.

An P. Franz von Tattenbach   16. Dezember 1944

Lieber Tatt[102], herzlichen Dank für Ihre Güte und Sorge.
Luise war gestern da, ich war viel »bräver« als bei Ihnen.
Es war auch nicht so aufregend und erschütternd wie diese
Bestätigung meiner inneren Existenz, die Sie gebracht ha-
ben. — Heute war der Anwalt[103] da. (Er hat nicht ohne
lüsternen Seitenblick von der captatio benevolentiae er-
zählt, die Sie ihm gebracht haben. Es ist wichtig, daß er

---

[101] Kleiner Kassiber. Daß er Sperr erreichte, ist eher unwahrscheinlich.
Auf der Rückseite: Eilt sehr!
[102] Auf der Rückseite des Briefs: Eilt sehr!
[103] Vgl. Anm. 59.

hinter ein paar Sachen kommt. Für die 80 RM, die der Staat ihm für meinen Kopf zahlt, ist natürlich nicht viel Bewegung zu erwarten. Ist da eine Intensivierung des Eifers möglich? Er hat mir gestern erzählt, *Geld* dürfte er keines nehmen. Hat übrigens Dr. W[ehrle][104] verteidigt, die beiden müssen sich gegenseitig animiert haben.)

Die Sachlage ist so, wie ich wußte: wenn die Sperr-Aussage bleibt, fall ich an diesem einen Satz. Wenn sie fällt, ist Aussicht, da alles andere um Kreisau geht, z.T. um läppisches Zeug. Die Kölner Belastung läßt sich regeln, da der Mann wahrscheinlich mit mir verhandelt wird und zugesagt hat, umzufallen.

Jetzt müßte hier jemand systematisch darauf aus sein, die Verbindung zu Sp(err) herzustellen. Dort, wo er ist, ist ja allerhand zu machen.[105] Nur müßte jemand dahinter her sein. Die Verschiebung ist doch eine große Gnade und Hilfe. — Sp(err) muß schriftlich und jetzt äußern; da wir wahrscheinlich getrennt verhandelt werden, ich nur mit den anderen vernommen werde. Außerdem macht Fr(eisler)[106] das Urteil beim Aktenlesen und ändert es in der Sitzung nicht mehr.

Grüßen Sie alle. Herzlich Vergelts Gott. Hoffentlich brauchen Sie nie zu erleben, wie tröstlich es ist, es kümmert sich jemand um einen. — Mo(ltke) hat einen guten Schriftsatz zur Verteidigung eingereicht, worüber jetzt das RSHA[107] den Kopf schüttelt. Ein gutes Adventslicht

Georg

Weißt Du jemand, dem ich von meinem Stauffenberg-Besuch[108] gesprochen habe? Herrgott, an so einem Blödsinn zu hängen.

[104] Vgl. Anm. 57.
[105] Sperr war im Gefängnis in der Lehrterstraße 3 inhaftiert.
[106] Roland Freisler (1893–1945), seit 1942 Präsident des Volksgerichtshofes.
[107] Reichssicherheitshauptamt.
[108] Delp spielt an auf seinen Besuch bei von Stauffenberg am Abend des 6. Juni 1944 in Bamberg.

Ebenso müßte herausgebracht werden, ob bestimmte Leute verhaftet sind oder nicht. Von der Anklage aus gesehen sind die drei Wochen Verschiebung wahrscheinlich die Rettung. Dann bräuchte ich draußen jemand, der Zeit hat. Ebenso muß der Anwalt an bestimmte Akten ran. Ich brauch die Bücher[109] für einige Aussagen. Das heißt, er muß bald wieder hier auftauchen. Haben Sie viel Zeit?

Artikel[110] und das *Buch* her, dem A(nwalt) Stellen angeben, die der Anklage irgendwo fehl(en). Argumente durch »allg. Einstellung« ersetzt.

27.

An P. Franz von Tattenbach   um 16. Dezember 1944

LT, Dank für alles. Es wird schon gehen. Da sind wir halt den Berg heruntergefallen und das Wunder wird darin bestehen, daß uns die hundert Griffe gelingen und immer der Stein da ist, auf dem man wieder einen Schritt höher kommt. Obwohl es immer wieder schöne und immer wieder bittere Stunden gibt: am Ausgang selbst habe ich noch nie gezweifelt. Abgesehen von all den guten Zeichen der Tröstung und Führung ist in der ganzen Sache ein paarmal Gott herausgefordert worden, daß er dazu nicht schweigen wird. —

Diese neue Tugend der Unerschütterlichkeit braucht noch Anstrengung. Aber sie hat ihren Sinn. Und manches Versäumnis von Noviziat und Terziat ist gründlich nachgeholt. —

Das mit Sp(err) ist blöde. Es muß gelingen, an den alten Mann heranzukommen. Vielleicht wacht er dann überhaupt wieder auf. Ich weiß es selbst aus den ersten 10

---

[109] Delp weist auf seine Publikationen hin; vgl. Gesammelte Schriften II.

[110] Mit Bleistift hinzugefügt.

42

Wochen, wie tödlich die Isolierung ist. Ist das nicht auch wieder ein Zeichen, daß ausgerechnet wir 4 hier geblieben sind? Und daß wir die 3 schon kennen, die man sonst am Vorabend der Erwürgung zu sehen bekommt? Und ⟨...⟩. Bleib nur bei mir im Vertrauen, es geht dann schon. Wirst sehen, mitten in der Nacht wird es hell.

Soweit es geht, immer wieder an dem Sperrhaken ziehen. Das andere läßt sich wohl richten, obwohl ich manchmal das Gefühl habe, es kommt gar nicht zur Arena. Ich weiß auch nicht, wie das gehen soll. Aber wer weiß da schon was. —

In Mü(nchen) müßte noch $^1/_2$ Ztr. Traubenzucker sein, der mir gehört. Kann man nicht einmal eine Dose voll herschaffen für den Sohn des guten Wächters, der krank ist?

Alles Gute und vielmals Vergelts Gott. Und hoffentlich brauch ich Ihnen *diese* Treue nicht zu vergelten. Auf Wiedersehn

G.

28.

An P. Franz von Tattenbach   Mitte Dezember 1944

Zu überlegen ist folgender Gedanke:

Diese *polizeilichen* Leute vom Reichssicherheitshauptamt haben nicht den Sinn für die politische Wertung dessen, was mit den Nachkriegsplänen des Grafen Mo(ltke)[111] gemeint war. Bitte mit *P. Dold*[112] besprechen, ob es nicht ratsam erscheint, über die »Hitlermutter«[113] (Tante von

[111] Gesammelte Schriften IV, 357ff.
[112] Vgl. Anm. 9.
[113] Hermine Hoffmann (1857–1945) hatte Hitler in den zwanziger Jahren kennengelernt, ihn auch unterstützt. Legte als sogenanntes »Hitlermutterl« immer wieder Fürsprache für inhaftierte Geistliche ein, so für ihren Neffen P. Anton Koerbling SJ, für P. Rupert Mayer SJ (1876–1945), vgl. R. Bleistein, Zur Biographie Hitlers: Das »Hitlermutterl«, in: STIMMEN DER ZEIT 204 (1986) 427–429.

Körbling) [114] eine Möglichkeit zu verschaffen, daß Mo(ltke) seine Ideen einmal *Himmler* [115] selbst oder einer von ihm beauftragten *politischen* Persönlichkeit vortragen könnte. — Auch für mich wäre damit viel gewonnen, obwohl dann immer noch der »Sperrhaken« hängt. Man muß es dem Herrgott überlassen und auf ihn fest vertrauen. Das lern ich jetzt.

Die Gräfin Mo(ltke) [116], die Bescheid weiß, käme unter Umständen nach München

29.

An Marianne Hapig/
Marianne Pünder   Vor Weihnachten 1944

1. Ich warte schon lange auf Nachricht über den ⟨...⟩. Bitte mir irgendwie Bescheid geben.

2. Den negativen Ausgang der Sp(err)-Bemühungen habe ich vernommen. Muß also von vorn angefangen werden.

3. Zwischen die Brote ein Holz oder etwas derartiges legen, damit er aufmerken muß.

4. Immer wieder versuchen, er möge bitte diese Aussage zurücknehmen und zuvor schriftlich an den Vorsitzenden des V.G.H. und an den Pflichtverteidiger [117] des D(elp) am V.G.H. Er soll sagen, nach langer Überlegung könne er die Behauptung nicht aufrecht erhalten und da ich nicht auf seinem Haftbefehl (oder Anklage stehe, falls er diese schon hat) stehe, wisse er nicht, ob er noch Gelegenheit habe, zu ändern. Entweder er hat mich mit König verwechselt oder er hat gemeint, ich wollte auch die Begegnung vom 21. 7. abstreiten. Die habe ich nie abgestritten.

---

[114] P. Anton Koerbling SJ (1902–1974), Neffe des »Hitlermutterls«, Männerseelsorger in München.
[115] Heinrich Himmler (1900–1945), Reichsführer SS, Chef der deutschen Polizei, Reichsinnenminister.
[116] Freya von Moltke, Gattin von Helmuth J. von Moltke.
[117] Vgl. Anm. 59.

5. Erzählen Sie ihm bitte die Mitteilungen des letzten Zettels, weil er unsagbar mißtrauisch ist, und nicht meint, sicher gelassen zu werden.

6. Bitte, nicht nachlassen, so oder so. Ich vertraue zwar auf den Herrgott und nicht auf die Einsicht des Sp(err). Trotzdem will vielleicht Gott diese Einsicht benützen. Vielleicht auch nicht.

7. Kann am Sonntag jemand Weihnachtsbrief für Pü(nder) abholen? Ich würde gerne zum Fest schreiben, komme aber vorher nicht dazu.

8. Einstweilen wieder einmal herzlich Vergelts-Gott und eine gesegnete Wartezeit. So, Wartezeit, harte Zeit. — Termin scheint nicht vor 15. 1. Ist aber noch nicht sicher.

9. Ist schon irgendwie Nachricht von München da? Mutter, Marianne, Kirche, Luise usw.

Herzlich und dankbar

Max

30.

An P. Franz von Tattenbach   18. Dezember 1944

LT, danke. Es ist beruhigend, Ihre Güte und Treue da zu wissen. Ich weiß dann wenigstens, daß von dem, was möglich ist, nichts unterbleibt. Bitte bald Nachricht, wie es in München geht nach dem Angriff gestern.[118] Meine Mutter und die Kleine sind ja auch noch dort.

Die Anklage ist hanebüchen. Auch das, was stimmt, so gehässig und lügenhaft unscharf und verwirrt. Die belastenden Punkte sind folgende:

1. Eine schiefe Darstellung von Kreisau, die aus diesem selbst Hochverrat macht.

2. Die Aussage Sperr — absolut tödlich.

---

[118] Am 17. Dezember war ein Großangriff auf München.

3. Die Aussage Gross-Köln: sowohl Goerd(eler)[119] wie Mo(ltke) wollten putschen, laut Aussage von mir.

4. Mo(ltke) und ich hätten uns gegenseitig informiert über die Putschpläne Goerdelers.

5. Ich hätte Mo(ltke) Reisert[120] als Landesverweser vorgeschlagen.

6. Ich hätte an einer Besprechung teilgenommen, bei der über Putschgelüste einer Offiziersgruppe gesprochen worden sei.

ad 1: Hoffen wir, durch Übereinstimmung der hauptsächl. Leute korrigieren zu können. Anwälte meinen, wird unter den Tisch fallen. Tödlich sind die Beziehungen zum 20. 7.

ad 2: Das ist *der* Haken. Der muß locker werden. Aber wie? Gehen Sie bitte systematisch auf die Pirsch. Am besten Brief mit Absage nach langer Überlegung ect. Oder umschalten auf König. Es ist unbegreiflich, wie der Mann auf die Idee kommt. Folgende Hilfestellungen wären auch noch möglich:

Georg Weßling[121]. Hat gewußt, daß ich zu St(auffenberg)[122] gehe, da er mich bat, ob ich nicht jemand wüßte, der für Emil Piepke[123] (Uffz.) hier in Berlin verhaftet — Unt. Gef. — etwas tun könnte. Ich vermute, daß die Verhaftung Georgs mit dieser Sache zusammenhing. Die braucht er also nicht mehr zu scheuen. Nach dem 20. 7. kam er voll Sorge zu mir und fragte mich, ob ich keine Sorge hätte bzw. weggehen wollte. Ich erklärte ihm, daß ich keinen Grund sähe, da ich von der Sache nichts gewußt hätte und mit ihr nichts zu tun hätte.

---

[119] Carl Fr. Goerdeler (1884—1945), Oberbürgermeister von Leipzig (1931/32), Preiskommissar 1934/35; vgl. Gerhard Ritter, Carl Fr. Goerdeler. Stuttgart 1954.

[120] Zur Idee des Landesverwesers; vgl. Ger van Roon, Neuordnung im Widerstand. München 1967, 257—259.

[121] Vgl. Anm. 12.

[122] Vgl. Gesammelte Schriften IV, 349—355.

[123] Deckname für Michael Brink (1914—1947), Schriftsteller.

Ernst Ismaninger[124]: ähnlich. Er fragte mich öfters, ob ich keine Sorge hätte. Ich gab ihm die gleiche Antwort. Das wären wenigstens Hilfskrücken, auf denen man darauf hinweisen konnte, daß ich mich sicher und durch kein Vorwissen belastet gefühlt hätte.

Ähnlich müßte sich wohl unser Morgengespräch[125] auswerten lassen. Nun hab ich hier bei der Gestapo angegeben, die erste Nachricht von der Führerrede hätte ich von einem Arbeiter, da ich nicht angeben wollte, daß Sie so früh dagewesen seien. Als die Gestapo sagte, Sie seien verhaftet, sagte ich, Sie seien morgens bei mir gewesen und hätten mir Vorwürfe gemacht, daß ich Ihre Familie in diese Nähe gebracht hätte. Ich hatte gesagt, ich sei genau so düpiert und wüßte genau so wenig und hätte das auch Ihrer Familie nochmals erklärt.

Dieser Sperr-haken *muß* ausgebrochen werden. Aber wie?

ad 3: Geht in Ordnung, wenn es gelingt, Gross als Zeugen herzubekommen. Scheint zu gehen. Außerdem müßten die unterschlagenen Vernehmungen Letterhaus[126] und Müller[127] her. — Zu diesem Punkt muß ich *unbedingt und bald* wissen, ob Siemer O. P.[128] und Kaiser[129] verhaftet sind. — Die Lage hier und auf der ganzen Goe(rdeler)-Linie ist gebessert durch die Tatsache, daß Mo(ltke) uns gewarnt hat, Goe(rdeler) sei eine Gestapo-Spitzel-Geschichte, da die Gestapo Bescheid wisse und dies beweisen kann.

---

[124] Vgl. Anm. 14.

[125] Am frühen Morgen des 21. Juli 1944 kam P. von Tattenbach zu Delp nach St. Georg/Bogenhausen, um ihm mitzuteilen, daß von Stauffenberg das Attentat auf Hitler verübt hatte.

[126] Vgl. Anm. 22.

[127] Otto Müller (1870–1944), Verbandspräses der Katholischen Arbeiterverbände Deutschlands; vgl. J. Aretz, Otto Müller, in: Zeitgeschichte in Lebensbildern III. Mainz 1979, 191–203.

[128] Vgl. Anm. 100.

[129] Vgl. Anm. 99.

ad 4: Ist mit 3 letztlich erledigt. Hat Mo(ltke) nicht ausgesagt.

ad 5: Stimmt nicht, wird Mo(ltke) bestreiten.

ad 6: Da ich an keiner Berliner Besprechung ohne Mo(ltke) teilgenommen habe, läßt sich dies richten.

Da am Schluß der Anklage einfach alles mit meiner *Einstellung* begründet wird, muß ich renommieren. Die Artikel[130] Christ und Gegenwart, Krieg als geistige Leistung, Volk, Heimat und das Büchlein müßten her und dem Anwalt daraus eine gute Kostprobensammlung gemacht werden.

Der Anwalt möge doch bei seinem nächsten Besuch einmal nachsehen, aus welchen Aussagen die einzelnen Belastungen begründet werden. Vielleicht muß man Steltzer[131] noch nach dem und jenem noch richtig fragen.

Ob es ihm nicht möglich ist, mir für 1. 2. Tage eine Schreibmaschine zu ermöglichen. Ich will ihm einen kl(einen) Schrifttext machen. Mit meiner Handschrift ist das katastrophal. Auf jeden Fall bitte ich um einen Packen tintenfähigen Papiers, möglichst liniert. Dann fang ich eben an zu malen.

Was ist ein Leben, was? Wir hier fühlen uns ganz komisch. Alles so auswegslos und wir haben bei aller Anerkennung des Ernstes nicht das Gefühl der Verlorenheit. Auf Weihnachten haben wir 4 wieder eine gemeinsame Novene angefangen. Diese betende Una Sancta in vinculis. Für Mo(ltke) wird in der Krypta von St. Gereon in Köln jeden Tag Messe gelesen. Ich lese hier, St(öttner)[132] in München. Ach, wenn doch endlich der Weihnachtsstern

---

[130] Vgl. dazu: Christ und Gegenwart; Der Krieg als geistige Leistung; Das Volk als Ordnungswirklichkeit; Heimat; Der Mensch und die Geschichte: Gesammelte Schriften II.

[131] Theodor Steltzer (1885 – 1967), Landrat, Mitglied des Kreisauer Kreises.

[132] Der Jugendseelsorger Wendelin Stöttner (1905 – 1985) wohnte mit Delp im Pfarrhaus St. Georg/Bogenhausen zusammen.

aufginge . — Verständigung ziemlich zeitraubend, wegen der Isolierung. Alles Gute; Vergelts Gott und diesen Schlußsegen

Georg

Exemplare von dem Büchlein[133] hat Luise noch. Ich würde auch den ⟨...⟩ und den beiden Mariannen, denen sie verbrannt sind, je eines schenken. Auch Rei[134] informieren, wie auf dem letzten Brief an die Mariannen.

Wichtig ist auch herauszubekommen, ob Gross wie ursprünglich vorgesehen mit mir verhandelt wird und wie meine Verhandlung mit den anderen zusammenhängt.

Etwas *Tinte* bitte, die meinige geht zu Ende.

31.

An   Dezember 1944 (?)

Sie[135] sind einer von den wenigen Menschen, die ich manchmal lebendig bei mir spüre und denen ich dankbar bin und bleibe, auch jetzt an der Kante, wo so viel hinten bleibt, was unabkömmlich und unabtrennbar schien.

Ich möchte Ihnen halt sagen, daß ich Ihnen sehr und von Herzen dankbar bin und daß ich sehr um ihr Gebet bitte. Für so und für so. Dieses Leben zwischen dem Galgen und dem Wunder braucht viel Kraft.

Ein komischer Knabe war ich schon. Nun war ich die ganze Zeit ein Knabe und fing endlich an, Mann zu werden vor und für Gott. Da kommts gleich so. Diese 16 Wochen zählen vor dem Herrgott hoffentlich auch das mehrfache, das sie an Last brachten und an Kraft brauchten.

---

[133] Der Mensch und die Geschichte (Colmar 1943).
[134] vgl. Anm. 97.
[135] Empfänger des Schreibens unbekannt. Vermutlich ein Mitbruder, vielleicht P. Johannes B. Dold; vgl. Anm. 9.

Wie es weitergeht? Ich weiß es nicht. Auch nicht warum. Allmählich kommts ganz nahe. Wir sind wenige geworden. Behüt Sie Gott und Vergelts Gott und Gruß an alle

Ihr dankbarer Delp

Frl. Oest(reicher), die diesen Zettel bekommt, habe ich ein paar Notizen geschickt über Kirche, Orden[136] usw. Auch über meine Lage[137]. Und mit dem Bitten nicht auslassen. Der Herrgott hat meist immer noch ein Hintertürl.

Gruß an Tatt(enbach)

32.

An P. Franz von Tattenbach   Nach dem 18. Dezember 1944

Überlege einmal folgendes: ließe sich aus unserem Gespräch am Morgen des 21. 7. nicht eine Zeugenaussage machen des Inhalts, daß ich weder von den Plänen des St(auffenberg) noch vom Wissen des Sp(err) eine Ahnung hatte. Soviel ich weiß, habe ich Dir damals auch gesagt, ich wollte mich einmal erkundigen, ob Sp(err) etwas wüßte. –

Überlege, ob es einen Sinn hat, daß Du Dich in diese gefährliche Nähe begibst. Besprich dann die bestehenden Möglichkeiten einer solchen entlastenden Aussage mit dem Anwalt. Ich müßte dann genau erfahren, was Du sagst, damit ich das Gespräch entsprechend darlege.[138]

Durch die Abwesenheit von R(ösch)[139] und K(önig)[140] ist natürlich der Verdacht sehr groß, wir hätten von dem

---

[136] Vgl. Gesammelte Schriften IV, 324ff.

[137] Vgl. ebd. 332f.

[138] P. von Tattenbach ging auf den Vorschlag ein und hielt sich während der Verhandlung vor dem Volksgerichtshof am 9. Januar 1945 zur Zeugenaussage im Vorraum des Gerichtsraumes bereit. Er wurde vom Gericht nicht aufgerufen. Die Anklage wegen des 20. Juli 1944 war fallengelassen worden.

[139] P. Augustin Rösch SJ (1893–1961) hatte Delp in den Kreisauer Kreis gebracht, Provinzial Rösch selbst hatte auch darin mitgearbeitet. Nach der Verhaftung Delps war er Ende August 1944 untergetaucht.

[140] P. Lothar König SJ (1906–1946) arbeitete auch im Kreisauer Kreis mit. Er war sozusagen der »Kurier«. Auch er war nach Delps Verhaftung am 20. August 1944 untergetaucht.

20. 7. gewußt. Eine schöne Zwangslage. — Aber gerade weil der Sperrhaken ein Irrtum ist, ist das Ganze Fügung und Prüfung Gottes.

Schau noch einmal, ob es gelingt eine Beziehung zu Sp(err) herzustellen. Die Mariannen werden Dir ja Bescheid gesagt haben.

Grüß alle und danke allen. Das war ein Tag großer Erbarmung heute. Danke und behüt Dich Gott.

B.

Sie werden von dem Gerücht gehört haben, ich sei ausgetreten. Das ist ein Grund meiner Isolierung hier. Das stimmt nicht. Es stimmt lediglich, daß ich erklärt habe, ich verstünde nicht, warum R(ösch) weg sei. Kreisau verteidigen wir offen; wir haben alle erklärt, daß wir damit niemand stürzen, nur etwas erhalten wollten. Dann kam immer der Einwand: Warum ist R(ösch) und K(önig) dann weg? Von K(önig) sind ein paar sehr dumme Sachen bekannt geworden. Zum Glück erst nach dem Abschluß meiner Prügelperiode, als ich schon hier war. Wenn ich verurteilt werden sollte, dann wird die Zeit zwischen Urteil und Vollstreckung in der Hinsicht nur sehr erbärmlich. Deus providebit. Beten und glauben, gelt. B(ullus).

33.

An Luise Oestreicher   22. Dezember 1944

LL, ach, ich wollte, ich könnte auf eine Stunde zu Dir kommen. Nicht wegen mir. Ich glaube, ich werde frohe Weihnachten feiern. Aber um bei Dir zu sein und Dir ein wenig Weihnachten in die Seele geben zu dürfen. Ich werde Dir einen großen Segen schicken, Liebe, und das Kind, das große Geheimnis der Welt, bitten, gut zu Dir zu sein.

Ihr habt wieder bittere Stunden und Tage hinter Euch in Mü(nchen).[141] Ich habe noch keine Nachricht, wie es Euch gegangen ist. Aus der Zeitung sehe ich, daß ziemlich bei Euch, bes. bei Dir, das Unheil los war. Bitte bald Nachricht.

Jetzt heißt es, halt weiter warten und aushalten. Ich habe Gott sehr um ein Weihnachtslicht gebeten. Vielleicht hat er wieder eine seiner guten Überraschungen. Ach, er hat so viele Möglichkeiten, uns wieder einmal aufzurichten und ein Stück weiter zu helfen. So oft habe ich das schon erfahren in diesen langen und bangen Wochen.

Ich bin guter Zuversicht. Es ist so tröstlich, das Gebet und die Treue der Freunde hinter sich zu wissen. Das sind andere Realitäten und mit denen werden wir es schaffen. Gott gegen die Macht; Gott, gerufen von der Treue und der Liebe und der Zuversicht.

Ich möchte Dir einige Lichter anzünden. Du bist ja so sehr mitgegangen in meine Nacht und hast Deine eigene auch noch zu bestehen. Wir legen alles zusammen, gelt. Zusammen packen wir es wieder ein Stück. Und mitten in der Nacht wird das Licht erscheinen. Du wirst sehen. Helfen wir einander, nicht müde werden, gelt, komm, singen und beten wir zusammen die alten Lieder und Gebete, ernster und verhaltener als sonst, aber der Wirklichkeit näher.

Deinen Leuten Weihnachtsgrüße. Was ist mit Gusti? Grüße Annemarie und die Runde. Secchi. Allen alles Gute. Auf Wiedersehen

Der Bruder der einen Marianne[142] kommt frei!

Georg

---

[141] Hinweis auf schwere Bombenangriffe.
[142] Dr. Hermann Pünder (1888–1976), 1932–1933 Regierungspräsident in Münster, war am 26. August 1944 verhaftet worden. Er wurde am 21. Dezember 1944 vom Volksgerichtshof zwar freigesprochen, aber ins Konzentrationslager Ravensbrück gebracht.

34.

An Marianne Hapig/
Marianne Pünder   22. Dezember 1944

Ihr guten Leute! Nun langt es doch nur zu dem gewöhn-
lichen Zettel, da ich nicht weiß, wann der Mann mit dem
Eisen wiederkommt. Ich wollte einen »richtigen« Brief
schreiben, aber was ist denn heute schon richtig? — Ich
bin so froh über das Christgeschenk[143], das der Herrgott
Ihnen gegeben hat. Seit ich um diese Sorge wußte, habe ich
fest mitgestemmt, daß der Berg nicht umfällt und verschüt-
tet. Das hätten Sie mir viel früher sagen müssen. Gott ist
gut, das erfahren wir doch immer wieder.

Die Montagmesse bleibt. Tun Sie damit, was Sie
wollen.[144] Ich bin so froh, diese Möglichkeit zu haben,
Ihnen ein klein wenig zu danken.

Termin scheint nicht vor dem 15. Januar zu sein. Ist
aber noch nicht sicher.

Und jetzt feiern wir Weihnachten. Jawohl, es werden
trotz allem oder gerade deswegen schöne Weihnachten
sein. Echt und unverstellt, die Kulissen sind weg, und der
Mensch steht heute unmittelbar vor den letzten Wirklich-
keiten. Die Idylle hat der Blitz verbrannt, der uns gezeichnet
hat. Aber das sollte ja immer so sein. Ein Kirchenvater
nennt Weihnachten: Das Geheimnis des großen Auf-
schreies, daß die Kreatur in Erschütterung gerät über dieses
Bekenntnis Gottes zum Menschen. Da wir dieser Erschütte-
rung nicht mehr fähig waren vor lauter Bürgerlichkeit, hat
uns der Herrgott zunächst einmal wieder beigebracht, was
Erschütterung — erschütterte, geschüttelte Welt — heißt!
Ich glaube, aus all dem heraus werden wir wache und
gesegnete Stunden beim Kinde haben. Diese Widerlegung

---

[143] Vgl. Anm. 142.
[144] Delp feierte die Heilige Messe in der Meinung der beiden Marian-
nen.

all unserer Anmaßung, diese Pensionierung all unserer Wichtigkeit. Die Ohnmacht auf dem Seil ist eine Erziehung zum Verständnis des Kindes. Wenn ich genug begriffen habe, darf ich runter.

Vergelt's Gott für alles. Und bitte, im Gebet und Vertrauen nicht nachlassen. Die neue Tugend heißt Unermüdlichkeit. Gottes Schutz für Sie alle.

Max

1. Da Sie wissen, was Tatt für Pläne hat, überlegen Sie, ob Zettel hier bleibt oder nach München geht.

2. Hier sind zwei Männer, für die niemand sorgt. Der eine, Dr. Frank[145], Rechtsanwalt aus Karlsruhe, und Hermann[146] aus dem Fichtelgebirge. Überlegen Sie doch einmal mit dem Pf(arrer), wie man ihnen helfen kann.

3. Der eine, Frank, mein Zellennachbar rechts, kath. Anwalt, braucht unbedingt ein Paar Schuhriemen. Hat überhaupt keine (Ich bräuchte nur einen!)

4. Seife und Rasierseife hab ich hergeschenkt. In meinem großen Koffer in München ist eine weiße Schachtel. Dort Nachschub.

5. Ich hab in München noch von Luise Dosen Traubenzucker. Ob Val[147] nicht einmal eine Dose voll mitbringen kann für den Sohn des Wachtm(eisters), der ⟨...⟩ hat.

6. Coffein ist neulich dem mißtrauischen Alten in die Hände gefallen. Pech!

---

[145] Dr. Reinhold Frank (1879–1945), Rechtsanwalt, war in einer neuen Regierung als Unterbeauftragter des Wehrkreises V vorgesehen. Er wurde am 23. Januar 1945 hingerichtet; vgl. Peter Hoffmann, Widerstand, Staatsstreich, Attentat. Frankfurt 1971, 422.

[146] Matthäus Hermann (1879–1959), Lokomotivführer a.D., Vorsitzender des Deutschen Eisenbahnverbandes. Stand auch auf der Regierungsliste der Kreisauer.

[147] Prof. Dr. Fritz Valjavec (1909–1960), vor dem Krieg Leiter des Außeninstituts Süd-Ost, während des Kriegs Professor an der Humboldt-Universität in Berlin. Mit Delp befreundet. Er reiste oft von München nach Berlin, vgl. S. 76.

7. Weil Weihnachten ist, will ich heute mit den Bitten zufrieden sein. Wenn mir bis zur »Postabgabe« keine siebte einfällt.

8. Mit der Bescheidenheit war es nichts: Bitte etwas Tinte, die frühere geht zu Ende — und etwas Papier, bitte. Dank für alles.

9. Bitte Zündhölzer.

35.

An Familie Kreuser   Vor dem 24. Dezember 1944

Liebe Freunde, also Weihnachten ist noch auf Erden. Und obwohl sich die Lage nicht wesentlich geändert hat, bin ich heute der guten Zuversicht, daß wir uns wiedersehen. Man darf nur nicht müde werden, einmal kommen wir schon ans andere Ende der Seite. — Und soviel Güte erfahre ich von dort. Dieser Tag kam etwas in meine Zelle, eingewickelt in ein Papier, auf dem eine bekannte, nach links geneigte Handschrift geschrieben hatte. Und dann noch der Absender. Ich mußte das Papier erst einmal wegtun. Und die Sorge für die Mutter und die Kleine. Gott gebe, daß ich alles einmal gutmachen kann. Allen einen großen Segen vom göttlichen Kind. Gute Wünsche und Grüße. Und das Licht wird doch mitten in der Nacht kommen.

A.

Eine von den Weihnachtsmessen werde ich für 23[148] lesen

36.

An P. Franz von Tattenbach   Zwischen 24. — 31. Dezember

LT., was Sie für Pläne haben usw., weiß ich nicht. Aber vielleicht tauchen Sie doch wieder hier auf. Da ich mir denke, daß nach der Münchener Aufklärung die S(perr)Offensive wieder aufgenommen wird. Von meiner Ecke aus

[148] Familie Kreuser wohnte Laplacestraße 23.

scheint es immer noch das Beste, den Mann zu dem brieflichen Widerruf zu bewegen. Einmal ist die geistige Position bei Fr(eisler) dann eine andere. Zweitens, falls es im Zug der M(oltke)Offensive zu einer nochmaligen Einvernahme kommt, kann ich alles andere so klären. Drittens macht es Fr(eisler) — selbst wenn wir Sp(err) und mich zusammenbekommen, sehr schwer, in der Verhandlung umzufallen. Dazu der perplexe und scheinbar ziemlich angeschlagene Typ von S(perr), der auf ein Geschrei hin stumm wird. Überleg einmal, wie die Sache von Dir aus aussieht. —

Was kann man dann für Reisert[149] tun? Ich hätte nie gedacht, daß er so schnell am Ende ist mit seinen Reserven. Zumal seine Lage wirklich nicht schlimm ist. Er hat sich ein paar dumme Sachen aufschwätzen lassen, die muß er wieder wegsagen. Wir helfen ihm schon. Wegen des einen blöden Gesprächs mit Stel(tzer)[150] haben wir wahrscheinlich einen guten Ausweg gefunden. —

Danke für alles, Tatt. Weihnachten war schön und ruhig. Ich bin von der Sache und den Sorgen ziemlich weggekommen. Die Mitternachtsmesse war die schönste bisher. Manchmal habe ich das Gefühl, man sollte überhaupt nichts mehr tun, der Herrgott hat seinen eigenen Plan und Weg. Aber es sind eben so oft unsere vielen und kleinen Mühen, aus denen Gott sein Ergebnis zusammensetzt. Alles Gute für 1945. Kann ich ein directorium[151] bekommen?

Vergelts Gott.

Georg

Das mit der *Aussage*[152] ist gut so. Meine Aussage steht nicht im amtlichen Protokoll, ist also nicht zu fürchten.

[149] Vgl. Anm. 34.
[150] Vgl. Anm. 131.
[151] Das Direktorium dient dem Priester zur Ordnung des Breviergebets und zur Feier der Heiligen Messe.
[152] P. von Tattenbach hatte P. Delp seine Aussage zukommen lassen, die er betreffs des »Morgengesprächs am 21. Juli 1944« in der Verhandlung machen wollte.

Sag alles so, wie vorgeschlagen. Wenn Änderung, bitte verständigen.

37.

An Marianne Hapig/
Marianne Pünder   Nach Weihnachten 1944

Ihr guten Leute! Nochmal Vergelt's Gott für die viele Güte und Liebe. Weihnachten war schön und ruhig. Es gelang, von der Sache etc. ziemlich loszukommen. Die Mitternachtsmesse war die schönste Weihnachtsmesse, die ich bisher gefeiert habe. — Jetzt geht es also dem neuen Jahr zu. Ihnen wünsche ich einen großen Segen für 1945. Und was ich tun kann, um den Wunsch wirksam zu machen, soll gern und gut geschehen. Für mich bitte ich weiterhin um Ihr Gebet und Ihre helfende Güte. Vielleicht baut der Herrgott doch bald den Steg. Der Opferbrief der Urbi[153] trägt das Datum vom 15. 2. 1943. Wollen Sie versuchen, von Theo[154] oder Tatt ein Direktorium[155] für 1945 zu bekommen für Brevier und Messe. Sie sehen, ich bleibe optimistisch und zuversichtlich wie im Oktober mit den Schuhen, die man mir auch nicht mehr zutraute.
Alles Gute und des Herrgotts schützenden Segen.

Max

38.

An Luise Oestreicher   Ende Dezember 1944

LL., Weihnachten war schön und ruhig. Ich hab Eure Hilfe und Nähe sehr gespürt. Einmal wird auch der Advent, der im Sommer begonnen hat, sein Licht finden und seine

---

[153] Vgl. Anm. 4.
[154] P. Theo Hoffmann SJ (1890—1953), 1936—1941 Oberer und Schriftleiter der STIMMEN DER ZEIT in München.
[155] Vgl. Anm. 151.

57

Erfüllung und Heimkehr. — Ich hatte mich eigentlich ge-
fürchtet vor diesen Tagen, aber sie waren ruhig und geseg-
net. Die Messe in der Nacht war meine schönste bisherige
Weihnachtsmesse. Von der Sache und den Sorgen bin ich
ziemlich losgekommen. Und ein paar Mal hab ich mir
sogar zu träumen erlaubt, was wäre, wenn ich bald nach
München käme. Hab meine Mutter besucht und Dich und
andre Freunde. — Alles Gute für das Neue Jahr. Gottes
Schutz und Segen. Und viel mehr Segen und Gelingen und
Mut und Kraft und Freude ins Herz, trotz allem. Und auf
Wiedersehen.

Georg

Bitte eines von den Büchlein an Oberlehrer Wiese[156], Bln-
Karlshorst, Guntherstraße 6. Als Dank für die gute Versor-
gung mit Büchern.
Allen Gottes Schutz f(ür) 1945.

39.

An M.   28. Dezember 1944

Das Leben ist so ungeheuer plastisch geworden in diesen
langen Wochen. Vieles, was früher Fläche war, erhebt sich
jetzt in die dritte Dimension. Die Dinge zeigen sich ein-
facher und doch figürlicher, kantiger. Vor allem aber ist
der Herrgott so viel wirklicher geworden. Vieles, was ich
früher gemeint habe zu wissen und zu glauben, das glaube
und lebe ich jetzt.
So z.B.: Wie habe ich doch früher die Worte von der
Hoffnung und vom Vertrauen im Munde geführt. Jetzt
aber weiß ich aus Erfahrung, daß ich so dumm und töricht
war wie ein Kind. Um wieviel Kraft und Tiefgang habe ich
mein Leben, um wieviel Fruchtbarkeit meine Tätigkeit und

---

[156] Näheres nicht bekannt.

58

um wieviel Segen meine Menschen betrogen, weil ich nicht
genug fähig war, Gottes Wort vom Vertrauen, das ihn ruft,
einfach und herzlich und ehrlich ernst zu nehmen. Der
Glaubende, der Vertrauende, der Liebende: das erst ist der
Mensch, der die Dimensionen des Menschentums ahnt und
die Perspektiven Gottes sieht.

40.

An M.   29. Dezember 1944

Mit dem Ordo und dem Universum des Mittelalters und
der Vorzeit ist viel mehr zerbrochen als ein System oder
eine fruchtbare Überlieferung. Der abendländische Mensch
ist weithin heimatlos, nackt und ungeborgen. Und wo er
einmal über den Durchschnitt hinausragt, da spürt er nicht
nur die Einsamkeit, die ab und zu den Großen umgibt.
Er spürt die Heimatlosigkeit und Ungeborgenheit. Und er
begibt sich daran, sich selbst ein Haus zu bauen. Viel
Not und Sorge und Weh wären unseren Großen erspart
geblieben und wir könnten viel mehr von ihnen empfangen
an Botschaft und Läuterung. Gestalten wie Paracelsus[157]
und Böhme[158] sind nur so zu erklären und verstehen, daß
sie aus dieser unerträglichen Einsamkeit und Stillosigkeit
des Daseins heraus sich selbst ein Haus bauten. Es wurde
dann eigenwillig und verschroben und kantig. Es trägt die
blutigen Spuren ernster Not und tiefer Sorge und das macht
sie ehrwürdig. Goethe, in der gleichen Lage, hatte mehr
Glück.

Sein guter Instinkt ahnte der Natur manchen wichtigen
Entwurf ab. Außerdem hatte er einen guten, wenn auch
nicht in allem sicheren heimlichen Meister, bei dem er seine
Entwürfe zum großen Teil abschrieb.

[157] Paracelsus (1493—1541), Deutscher Arzt, Naturforscher und Philo-
soph.
[158] Jakob Böhme (1575—1624), Mystiker und Philosoph.

Manchmal kommt dann einer und macht seinen Entwurf allgemeinverbindlich. Sei es, daß er weiß, er hat Allgemeines geahnt, sei es, daß er es meint und sich übernimmt. Immer wieder werden die Menschen ihm zufallen, weil sie das gemeinsame Vaterhaus entbehren und ersehnen. Immer wieder werden die gleichen Menschen entdecken, daß es nicht langt zum geschlossenen Raum, der Wind und Wetter abwehrt. Oder daß man ein Scharlatan war, vielleicht gutgläubig, der sich und andere betrog. ⟨...⟩

Es ist eigenartig. Seit der mitternächtlichen Weihnachtsmesse bin ich fast leichtsinnig zuversichtlich, obwohl sich doch nach außen nichts geändert hat. Die beiden Bitten: um die Liebe und um das Leben: haben irgendwo ein Eis gebrochen. In welcher Schicht, weiß ich nicht. Im Greifbaren und Spürbaren ist noch keine Wandlung und doch bin ich sehr guter Dinge und ganz wo anders. Es werden schon auch die anderen Stunden wieder kommen, in denen Petrus sich vom Wind und den Wogen Angst machen läßt.

Ich habe eine große Sehnsucht nach einem Gespräch mit ein paar lieben Menschen. Wann?

41.

An M.   30. Dezember 1944

Das Leben ist immer noch ganz in der Schwebe. Heute wurde hier durch die Flüsterpresse bekannt, daß Bolz[159] verurteilt ist. Ob schon hingerichtet, wußte niemand. Hermes[160] vertagt, Pünder frei[161].

Die ganze Festigkeit muß von der anderen Seite kommen. Sie ruht auf drei Säulen, auf: fiat-misericordia tua

[159] Eugen Bolz (1881−1945), 1928−1933 Staatspräsident von Württemberg. Im Zusammenhang mit dem 20. Juli 1944 zum Tod verurteilt; am 23. Januar 1945 hingerichtet; vgl. R. Morsey, Eugen Bolz, in: Zeitgeschichte in Lebensbildern V. Mainz 1982, 88−103.
[160] Andreas Hermes (1878−1964), Politiker.
[161] Vgl. Anm. 142.

— quemadmodum speravimus — in patientia possidebitis animas vestras.[162] Die Unermüdlichkeit ist wirklich eine Tugend, nicht Temperament.

Kolbenheyer[163] ist ein Schmierfink. Was er aus der Ebnerin[164] gemacht hat, ist eine Katastrophe. So könnte vielleicht ein moderner Mensch degenerieren. Es ist schade, daß die deutsche Mystik der breiten Gemeinde Kolbenheyers nun wieder eine Stunde lang verschlossen bleibt.

42.

An Marianne Hapig/Marianne Pünder   31. Dezember 1944

Ihr guten Leute! Einen herzlichen Gruß und des Herrgotts mächtigen Schutz zum neuen Jahr. Mehr und weniger können wir uns dieses Jahr nicht wünschen. Er wird schon wissen, was Er in diesem Jahr von uns will. —

Morgen ist das Hauptfest der Gesellschaft! Ich bin so froh, jeden Tag neu, daß das mit dem 8. 12.[165] gelungen ist. Von daher lebe ich jetzt. Der Herrgott hat mir einen festen Punkt in seinem Universum geschenkt, auf den ich lange gewartet habe. Alles andere ist ja nur sekundär.

Ihnen wieder und wieder Vergelt's Gott für Ihre treue Sorge. Ich weiß wirklich nicht, wie ich das gut machen soll. Seit dem 8. und noch mehr seit Weihnachten ist eine große Ruhe in mir. Als ob die Dinge nun endgültig wären. Manche Sache, die ich unternehmen wollte, wurde einfach von Innen her unterbunden. Kennen Sie das? Wenn man plötzlich sich angerührt fühlt und von einer Sache, einem Vorhaben, weggeschoben.

Allen alles Gute und des Herrgotts guten Segen

Max

[162] Texte aus dem »Tedeum« und Lk 21,19.
[163] Erwin Guido Kolbenheyer (1878–1962), Schriftsteller unter dem Einfluß des Nationalsozialismus. Paracelsus-Trilogie (1917–1926), Das gottgelobte Herz (1938).
[164] Margarete Ebner OP (um 1291–1351), Mystikerin.
[165] An diesem Tag legte Delp im Gefängnis seine letzten Gelübde ab.

43.

An Luise Oestreicher   31. Dezember 1944

LL, immer noch habe ich keine Nachricht, wie Ihr alle in München über die Bombentage hinweggekommen seid. Die Mariannen scheinen etwas weggefahren zu sein. So höre ich erst nächsten Dienstag, 2. I., wieder etwas.

Wie geht es Dir? [...] Am Abend dieses Jahres sind es allerlei Gedanken, die hin und her gehen. Ich danke Dir sehr für alles und bitte Dich sehr um Verzeihung. Auch dafür, daß Du an dieser Not mittragen mußt. Du hättest es leichter im Leben ohne mich [...].

Seit Weihnachten bin ich guter Ruhe. Ihr müßt sehr gut und wirksam für mich gebetet haben. Bitte nicht auslassen. Über die Feierzeiten war das Schiff hier leicht angebunden. Jetzt beginnt die freie Fahrt auf hoher See wieder. — Am 15. II.[166] vor 2 Jahren hat die Urbi ihren Brief geschrieben. —

Grüß die Bauergretel[167] einmal von mir. Wenn Du es lesen kannst und jemand hast, zum Abschreiben, dann gib ihr bitte die Weihnachtsgestalten[168]. Ich wollte Dir noch ein paar Gedanken über das weihnachtliche Gottesbild, über die weihnachtliche Wandlung des Menschen und über deutschen Sozialismus schicken. Aber wir waren diese Woche so viel angebunden und außerdem bin ich durch eine leichte Grippe noch müder als sonst. Gerade, daß die Gestalten fertig geworden sind.

Grüß die Freunde. Auch W(olfer)kam[169] und meine Mutter. Den Secchi[170]! Ich wünsche allen Gottes Schutz für 1945. Und bitte sehr um die Treue im Vertrauen und

---

[166] Vgl. Anm. 4.
[167] Ungeklärt.
[168] Vgl. S. 196ff.
[169] Vgl. Gesammelte Schriften I, 297−304.
[170] Vgl. Anm. 75.

Gebet. Betest Du mich heraus? Behüt Dich Gott. Jeden Abend bei der Messe segne ich Dich und bitte für Dich. Auch sonst noch oft. Alles Gute und Liebe in seinem Namen

Georg

44.

An P. Franz von Tattenbach   31. Dezember 1944

LT., alles Gute und Gottes Schutz im neuen Jahr. Was es bringen wird, wer weiß es? In immer wechselnden Formen oder in seiner endgültigen Gestalt den Willen des Vaters. Fiat. —

Mir geht es relativ gut. Weihnachten hat eine schöne Ruhe gebracht, die noch dauert. Von daher bin ich guter Dinge und zuversichtlich.

Äußerlich plagt mich augenblicklich eine leichte Grippe. Nicht schlimm, nur blöde, weil man halt immer so blöd ist dabei. Die verschiedenen Pillen der Mariannen tun gut.

Zur Sache: Also immer wieder S(perr). Wenn die Gerüchte stimmen, daß die anderen wieder hierherkommen sollen, dann müßte S(perr) von dort aus eigentlich revozieren. Sonst sieht es zu schnell nach abgekartet aus. Obwohl ich ja als Reserve immer noch meine Isolierung habe. Überlege einmal, was möglich ist und was Du meinst. Ich traue dem perplexen Kerl einen Umfall in offener Verhandlung nicht recht zu.

Diesen letzten Tag des Jahres werde ich sehr »bei mir« verbringen. Die Messe habe ich noch vor mir und die Sammlung des ganzen Jahres in ein Gebet und in einen Akt der Hingabe auch noch. Es sind doch nur wenige rechte Worte, deren der Menschengeist fähig ist.

Alles Gute und Gottes Schutz. Hoffentlich brauch ich *diese* Treue und Sorge nie vergelten. In jeder anderen Form gern. Vergelts Gott. In nomine Domini.

Georg

44a.

An Prof. Dr. Fritz Valjavec   31. Dezember 1944

Lieber Freund,

am Abend des Jahres gedenke ich meiner Freunde in Dank-
barkeit und Treue. Man wird mir gleich wieder die elenden
Fesseln anlegen, aber sie hindern mich nicht, allen den
Segen des Herrgotts zu schicken. Das tue ich jeden Abend.
Bei der Messe und auch sonst.

Ihnen Dank für Ihre Treue. Trotz der miserablen Lage
glaube ich, daß wir uns wiedersehen. Dann aber soll das
eine Aussaat und Ernte geben. Einstweilen wird der Samen
bereitet.

Ihnen und Ihrer Frau zum neuen Jahr Gottes mächtigen
Schutz. Mehr als sonst muß der Mensch in den ursprüngli-
chen Ordnungen und aus den ursprünglichen Kräften le-
ben.

Gruß an die Freunde. Dank und auf Wiedersehen

Max.

45.

An Eugen Gerstenmaier   31. Dezember 1944

L. G., herzlich Vergelts Gott für Deinen ⟨...⟩ und das ⟨...⟩.
Das war ein schönes Weihnachtsgeschenk. Und wenn wir
wieder draußen sind, wollen wir zeigen, daß mehr damit
gemeint war und ist als eine persönliche Beziehung. Die
geschichtliche Last der getrennten Kirchen werden wir als
Last und Erbe weitertragen müssen. Aber es soll daraus
niemals wieder eine Schande Christi werden. An die Ein-
topfutopien glaube ich so wenig wie Du, aber der Eine
Christus ist doch ungeteilt und wo die ungeteilte Liebe zu
ihm führt, da wird uns vieles besser gelingen als es unseren

streitenden Vorfahren und Zeitgenossen gelang. — Ich
habe auch außer der Messe das Sakrament immer in der
Zelle und rede mit dem Herrn oft über Dich. Er weiht
uns hier zu einer neuen Sendung. Alles Gute und seinen
gnädigen Schutz.

Dein Delp

46.

An M.   31. Dezember 1944

Das Ergebnis dieser Zeit muß eine große innere Leiden-
schaft für Gott und seine Rühmung sein. In neuer, persönli-
cherer Weise muß ich ihm begegnen. Die Wände, die zwi-
schen mir und ihm noch stehen, muß ich einschlagen. Die
stillen Vorbehalte restlos ausräumen. Das Gebet des von
der Flue[171] muß gelebt werden. Das göttliche Leben in
mir als Glaube, Hoffnung, Liebe muß wachsen, intensiver
werden. Das alles muß sich mit meinem Leben, Tempera-
ment, Fähigkeiten, Fehlern, Verengungen ebenso wie mit
den Dingen draußen zu einer neuen Sendung verdichten,
zu einem neuen Ordnungsbild, an dessen Verwirklichung
ich den Dienst leisten will, entwerfen.

In einer stillen Stunde heute nacht will ich das Jahr
überdenken und seine persönlichen Ereignisse einsammeln
in ein Gebet der Reue, des Dankes, der Hingabe, in ein
Wort des Vertrauens und der Liebe.

Ich muß mich immer wieder fragen, ob ich kein Phantast
bin und mich selbst täusche. Der Ernst der Lage ist unerbitt-
lich, so unwirklich und traumhaft er mir auch oft vor-
kommt. Aber die Worte des Herrn sind gesprochen und er
hat uns selbst aufgefordert zu diesem Glauben, dem der
Berg weicht, zu diesem Vertrauen, dem er sich nicht ver-

---

[171] Niklaus von der Flue (1417−1487), Schweizer Mystiker. Das von
Delp zitierte Gebet lautet: »Mein Herr und mein Gott, nimm alles von
mir, was mich hindert zur Dir. Mein Herr und mein Gott, gib alles mir,
was mich fördert zu Dir. Mein Herr und mein Gott, nimm mich mir und
gib mich ganz zu eigen Dir.«

sagt. Das sind von ihm gesetzte Tatsachen, die man ernst nehmen kann und muß. Er war außer der Tempelreinigung ein einziges Mal bös: als die Jünger den fallsüchtigen Knaben nicht heilen konnten, weil sie es sich nicht zutrauten.[172] Und den einen Punkt, um den es geht, werden wir doch wegglauben und wegbeten können. Bisher war so viel Führung und Gnade spürbar trotz aller Härte und allen Scherben.

47.

An M.   Neujahrsnacht 1944/45

Es ist schwer, das Jahr, das heute zu Ende geht in ein paar kurze Worte zu fassen. Es war sehr vielgestaltig.

Und was seine eigentliche Frucht und Botschaft ist, weiß ich noch nicht.

Allgemein hat es die Entscheidung nicht gebracht. Die Not, die Härte, die Wucht der Ereignisse und Schicksale sind intensiver geworden, als es sich je ein Mensch einfallen ließ. Die Welt liegt voller Trümmer. Sie ist voll Neid und Feindschaft. Jeder hält verzweiflungsvoll den Fetzen fest, den er noch in Händen hat, weil er das Letzte ist, das der Mensch sein eigen nennt.

Geistig ist eine große Stille und Leere. Die letzte geistige Leistung des Menschen ist die Frage nach dem Sinn und dem Ziel des Ganzen. Und die bleibt ihm allmählich in der Kehle stecken. Die Zusammenhänge zwischen dem Trümmer- und Leichenfeld, in dem wir leben und dem zerfallenen und zerstörten geistigen Kosmos unserer Anschauungen und Meinungen, dem zertrümmerten und zerfetzten sittlichen und religiösen Kosmos unserer Haltungen ahnt kaum noch jemand. Und wenn, dann werden sie als Tatsache festgestellt, um registriert zu werden, nicht, um darüber zu erschrecken oder die heilsamen Konsequenzen

---

[172] Mt 17,14—21.

des neuen Aufbruchs zu ziehen. So weitgehend sind wir schon nihilisiert und bolschewisiert. Ein Glück, daß die vitalen Interessen den Gegensatz zu den Horden aus der Steppe noch halten. Dieses Bündnis mit dem Nihilismus würde das Abendland nicht mehr ertragen.

Von den alten Kulturträgern des Abendlandes schläft Portugal seinen Dornröschenschlaf; es wird ein Ergebnis fremder Entscheidungen sein. — Spanien wird aufs neue in den Schmelztiegel geworfen, weil es die letzte Probe falsch bestand und die gestellte Frage betrügerisch löste. Es gibt heute keine feudalen Möglichkeiten, auch nicht in der Maskerade der Volkstribunen. Es gibt nur soziale Möglichkeiten und die hat Spanien versäumt. Zu seinem bitteren Schmerz, zum bitteren Schmerz auch der mitschuldigen Kirche. — Italien ist reines Objekt geworden. Selten ist die Wandlung vom geschichtlichen Subjekt zum geschichtlichen Objekt so schnell vollzogen worden. Viel Schuld und vielfach gebrochene Treue machen Italien jedem Partner verdächtig, ganz abgesehen von der geschichtsunfähigen Dekadenz seiner Leute und der in modernen Zusammenhängen gesehen geschichtslosen Begabung des Landes. Da war immer alles nur mit Krampf und Gewalt zu machen. Viel schöne gekrampfte Pose. — Polen büßt bitter seinen Größenwahn und seine Schuld an den fremden Völkern, besonders denen des Ostens. Diesem Volk hat immer der Blick für die realen Gegebenheiten gefehlt. Persönlich sind die Polen immer schon Kerle von einem guten Zuschnitt gewesen. — Der Balkan usw. existiert einstweilen im russischen Schatten. Wenn durch dieses harte Experiment endlich ein geschlossener Raum Balkan entstünde, wäre viel gewonnen. — Für Ungarn fürchte ich ein hartes Gericht. In diesem Land ist viel gefehlt worden, besonders sozial. — Skandinavien wartet, wer es holt oder in seinen Bann zwingt.

Rußland ist undurchsichtig. Besucht Rußland. Der Bolschewismus als Vorspann für einen russischen Imperialismus maßlosester Art? Wenn die Steppe einmal träumt, träumt sie großartig und maßlos. Oder braucht der Bolschewismus die natürlichen Schwergewichte und Interessen Rußlands? Auf jeden Fall kann und wird eine russische Hegemonie über Europa nur eine Sache kurzer Dauer sein. Rußland selbst ist noch nicht durchreflektiert. Rußland ist zu maßlos, um führen zu können; die Slaven sind in das abendländische Gefüge noch gar nicht einbezogen und so noch ein Fremdkörper in ihm. Sie können unsagbar viel zerstören und vernichten und verschleppen. Aber führen und bauen können sie noch nicht. — Frankreich ist ratlos wie immer, wenn der abendländische Bogen gelockert oder gelöst ist. Es braucht den echten Dialog zu Deutschland, sonst wird es extrem und maßlos, fast wie Rußland. Nur von der Vernunft her und deshalb gefährlicher und beinahe sadistisch. — Daß Englands Zeit zu Ende geht, glaube ich allmählich auch. Sie sind nicht mehr kühn genug und nicht mehr geistig. Die Philosophie des Nutzens hat ihnen das Mark infiziert und die Herzmuskel gelähmt. Sie haben die großen Erinnerungen noch, auch die großen Formen und Gebärden; aber die Menschen? Sie haben das soziale Problem übersehen; ebenso das Problem der Jugend; ebenso das Problem Amerika; ebenso das Problem der geistigen Räume, die sehr leicht sich zu kulturellen und politischen Räumen verdichten. Sie haben kein Wort anzubieten. — Deutschland aber ringt in allen Schichten seines Daseins um seine Existenz. Eines ist sicher: ein Europa ohne Deutschland und zwar ohne mitführendes Deutschland gibt es nicht. Und ein Deutschland, in dem die abendländischen Urströme: Christentum, Germanentum (nicht Teutonentum) und Antike nicht mehr quellrein fließen, ist nicht Deutschland und ist kein Segen für das Abendland. Aber auch hier liegt abgesehen von der brutalen Schicksalsfrage des Kriegsausgangs vor allen tieferen Fragen die einer Brot- und Notordnung. Ernster genommen: auch hier die soziale Frage.

Der Anblick des Abendlandes an diesem Jahresabend ist bitter. Von zwei Seiten greifen raumfremde und ahnungslose Mächte in unser Leben hinein: Rußland und Amerika!

Bleiben Vatikan und Kirche zu bedenken. Was Beziehung und sichtbaren Einfluß angeht, so ist die Stellung des Vatikans gegen früher verändert. Das scheint uns nicht nur so, weil wir nichts erfahren. Gewiß wird man später einmal feststellen, daß der Papst seine Pflicht und mehr als das getan hat. Daß er Frieden anbot, Friedensmöglichkeiten suchte, geistige Voraussetzungen für die Ermöglichung des Friedens proklamierte, für Gefangene sorgte, Almosen spendete, nach Vermißten suchte usw. Das alles weiß man mehr oder weniger heute schon, es wird sich nur um eine Mehrung der Quantität handeln, die wir später aus den Archiven erfahren. Dies allein ist teils mehr oder weniger selbstverständlich, teils ergebnis- und aussichtslos. Hier zeigt sich die veränderte Stellung: unter den großen Partnern des blutigen Dialogs ist keiner, der grundsätzlich auf die Kirche hört. Wir haben die kirchenpolitische Apparatur überschätzt und sie noch laufen lassen zu einer Zeit, wo ihr schon der geistige Treibstoff fehlte. Für einen heilsamen Einfluß der Kirche bedeutet es gar nichts, ob ein Staat mit dem Vatikan diplomatische Beziehungen unterhält. Es kommt einzig und allein darauf an, welche innere Mächtigkeit die Kirche als Religion in dem betreffenden Raum besitzt.

Und hier geschah die große Täuschung. Die Religion starb an vielen Krankheiten und mit ihr der Mensch. Der Mensch starb an vielen Vermassungen, Entwicklungen, Tempos usw. und mit ihm die Religion. Auf jeden Fall wurden die abendländischen Räume geistig, menschlich und religiös leer. Wie soll das Wort oder die Aktion einer Kirche da noch Echo und Antwort finden? Die Kirche steht vor der gleichen Aufgabe wie die einzelnen Völker und Staaten und das Abendland überhaupt. Zunächst muß dieser Krieg, den keiner mehr gewinnen zu können scheint, zu einem leidigen Ende gebracht werden. Die Problematik der Staaten sowohl wie des Kontinents ist, grob gesagt, dreimal der Mensch: wie man ihn unterbringt und ernährt; wie man ihn beschäftigt, so daß er sich selbst ernährt: die wirtschaftliche und soziale Erneuerung; und wie man ihn zu sich selbst bringt: die geistige und religiöse Erweckung.

Das sind die Probleme des Kontinents, das sind die Probleme der einzelnen Staaten und Nationen und das sind auch — und nicht irgendwelche Stilreformen — die Probleme der Kirche. Wenn diese drei ohne oder gegen uns gelöst werden, dann ist dieser Raum für die Kirche verloren, auch wenn in allen Kirchen die Altäre umgedreht werden und in allen Gemeinden gregorianischer Choral gesungen wird. Die Übernatur setzt ein Minimum von natürlicher Lebensfähigkeit und Lebensmöglichkeit voraus, ohne die es nicht geht. Und die Religion als Religiosität setzt ein Minimum an menschlicher Gesundheit und Geistigkeit voraus, ohne die es nicht geht. Und die Kirche als Institution und als Autorität setzt ein Minimum lebendiger Religion voraus, sonst wird sie nur nach ihrer realen Macht gewertet oder museal.

So hinterläßt das scheidende Jahr ein reiches Erbe an Aufträgen und wir müssen ernsthaft überlegen, was zu tun ist. Auf jeden Fall ist unter allem anderen dieses Eine notwendig, daß der religiöse Mensch intensiv und extensiv wächst.

Und damit bin ich bei mir persönlich. Bin ich im letzten Jahr gewachsen, wertvoller geworden? Wie steht es denn? Äußerlich steht es so dürftig wie nie. Dies ist die erste Jahreswende, an der ich nicht einmal über ein Stück Brot verfüge. Über gar nichts. Als einziges Geschenk hat der Mann die Fessel so nachlässig geschlossen, daß ich mit der linken Hand herausschlüpfen kann. Nun hängt sie an der Rechten und ich kann wenigstens schreiben. Nur muß ich ein Ohr immer zur Tür hinaushängen; wehe, wenn sie mich so erwischen.

Rechtlich wohne ich auf dem Galgenberg. Wenn es mir nicht gelingt, die Anklage in dem einen Punkt umzustoßen, hänge ich. An das Hängen geglaubt habe ich noch nie, obwohl es sehr bittere Stunden gab. Die Fessel ist ja Zeichen der amtlichen Todeskandidatur.

Innerlich war viel Eitelkeit und Selbstsicherheit und Anmaßung und Unwahrhaftigkeit und Lüge in diesem Jahr. Mir ist das eingefallen, als sie mich beim Schlagen einen Lügner nannten, weil sie wieder einmal entdeckt hatten, daß ich ihnen keine Namen sagte, die sie nicht schon wußten.[173] Ich habe Gott gefragt, warum er mich so schlagen läßt. Für die Unklarheit und Unwahrhaftigkeit meines Wesens, das ging mir auf.

Und so ist vieles verbrannt auf diesem Berg der Blitze und vieles hat sich geläutert. Ein Segen und eine Bestätigung der inneren Existenz, daß der Herrgott mir die Gelübde so wunderbar ermöglichte. Er wird mir auch die äußere Existenz noch einmal bestätigen, sobald sie sich zur neuen Sendung befreit hat. Aus der äußeren Aufgabe und dem Wachstum des inneren Lichtes muß sich eine neue Leidenschaft entzünden. Die Leidenschaft des Zeugnisses für den lebendigen Gott; denn den habe ich kennen gelernt und gespürt. Dios solo basta, das stimmt. Die Leidenschaft der Sendung zum Menschen, der lebensfähig und lebenswillig gemacht werden soll. Die drei Probleme sollen angepackt werden: in nomine Domini.

48.

An M.   1. Januar 1945

Jesus. Diesen Namen des Herrn und meines Ordens will ich groß an den Anfang des neuen Jahres schreiben. Er besagt, was ich erbete, glaube und hoffe: die innere und äußere Erlösung. Die Lösung der egoistischen Krämpfe und

[173] Vgl. Anm. 30.

Engen in den freien Dialog mit Gott, die freie Partnerschaft, die vorbehaltlose Hingabe. Und die baldige Erlösung aus diesem elenden Eisen. Die Situation ist lügenhaft. Das, was ich weder getan noch gewußt habe, hält mich hier fest.

Dieser Name besagt weiterhin, was ich in der Welt und bei den Menschen noch will. Erlösend, helfend beistehen. Den Menschen gut sein und Gutes tun. Ich bin manchen vieles schuldig geblieben.

Und schließlich ist damit mein Orden gemeint, der mich nun endlich an sich und in sich aufgenommen hat. Er soll in mir Gestalt werden. Ich will mich Jesus zugesellen als ein Treugeselle und Liebender.

Letztlich aber soll der Name eine Leidenschaft bezeichnen: des Glaubens, der Hingabe, des Strebens, des Dienstes.

49.

An Marianne Hapig/Marianne Pünder   2. Januar 1945

Ist[174] nächste Woche sicher?[175] Georg hat geschrieben, S(perr) solle seine Verfügung schriftlich machen. Diese Woche noch. Beten und glauben.

Allen alles Gute 1945   Dp

50.

An Luise Oestreicher   Zwischen 3. und 7. Januar 1945

LL., also es ist jetzt sicher, daß nächste Woche am Dienstag und Mittwoch die Entscheidung fällt. Das Wunder muß darin bestehen, das fertige Todesurteil, das die Herren in

---

[174] Bestellzettel.
[175] Delp fragt nach dem Termin der Verhandlung vor dem Volksgerichtshof.

der Tasche mitbringen, umzustoßen. Wenn nicht, sind wir am Mittwoch vor den Augen und, so der Herr gnädig ist, im Licht Gottes [...].

Ich habe auch jetzt nicht das Gefühl, einen Abschiedsbrief zu schreiben. Immer, wenn die Entscheidung hart auf hart kommt, erscheint diese mutige Sicherheit. Ich hab die ganze Zeit nie das Gefühl gehabt, verloren zu sein, so oft man es mir auch triumphierend und quälend und prügelnd gesagt hat. Irgendwo war die ganze schemenhafte Angelegenheit eine unwirkliche Sache, die mich nichts anging. Es kamen dann auch wieder die Stunden, in denen Petrus den Wind ernst nahm und die Wellen und anfing zu zagen. Daß Gott sich so anstrengen müßte, um mir den Blick auf den Gipfel frei zu machen, hätte ich auch nicht gedacht.

Jetzt ist alles in Gottes Hand. Ich werde mich wehren, so gut es geht. Hoffentlich geht es physisch einigermaßen. Schade, daß wir vorher hier wegkommen. Drüben beginnt dann das Hungern wieder und das ist etwas ganz Schuftiges, hungrig und müde in dieser Wucht und Wut der Angriffe zu stehen. Daß ein Stück Brot eine große Gnade ist, habe ich früher manchmal gesagt. Heute weiß ich es aus bitterer Erfahrung.

Wie es nun weitergeht, weiß ich nicht. Ich hab bis jetzt nur das Gefühl durchzukommen. Obwohl ich dafür noch keine reale Grundlage sehe. — Dank allen für ihre Treue im Gebet. Hoffentlich erfahrt Ihr den Termin rechtzeitig, so daß Ihr mir zur Seite seid. [...]

Nun behüt Dich Gott. Weiß Gott, wann wir wieder hören voneinander. Ich war manchmal eine große Last für Dich. Und die Sorgen, die ich Dir seit Sommer gemacht habe! Ach, es gäbe noch so viel zu sagen. Und noch mehr zu tun. Jetzt wüßte ich, wo der Hebel anzusetzen wäre. — [...]

Des guten Gottes Segen und Schutz wünsche ich Dir. Er muß Dir all das vergelten und tun und sein, was ich schuldig geblieben bin. Grüße Deine Leute und die Freunde; vergiß auch Secchi[176] nicht. Der soll mal in seinen frommen Nächten an mich denken. So, nun wollen wir die Fenster schließen und auf die Dinge zugehen. Auf Wiedersehen

Georg

51.

An M.   3. Januar 1945

Zwei Tage sind wir also noch hier, dann wird man uns zur Gestapo holen. Solange habe ich das Sakrament noch bei mir und kann ich noch Messe feiern. Mitzunehmen wage ich das Sanctissimum nicht, da ich nicht weiß, wie intensiv die Untersuchung dort ist und die Gefahr einer Verunehrung zu groß ist.

Zu all den anderen ungünstigen Momenten habe ich gerade noch erfahren, daß der Vorsitzende des Gerichtes[177] ein Pfaffen- und Katholikenfresser sei. Ein Grund mehr, des Beistandes des Herrgotts gewiß zu sein. Es bleibt immer das gleiche Ergebnis: die Sache ist nur noch vom Herrgott her zu richten.

Die Tage lese ich noch etwas im Meister Eckhart, den ich von allen Büchern allein zurückbehalten habe. Die ganze Eckhart-Frage[178] wäre einfacher, wenn man bedächte, daß es sich hier um einen Mann handelt, dessen Seele und Geist hoch hinaus strebte und der nun versucht, mit Wort und Ausdruck dem nachzukommen. Das gelingt nicht, wie es schon Paulus nicht gelang und wie es modulo suo jedem Menschen nicht gelingt, wenn es sich um die Wieder- und Weitergabe innerster Erlebnisse handelt. Individuum est ineffabile. Wenn wir nur wieder einmal so weit sind, daß die Menschen ihre unsagbaren Geheimnisse und inneren Geschehnisse haben, dann werden auch die ande-

[176] Vgl. Anm. 75.
[177] Vgl. Anm. 106.
[178] Problem, ob Eckhart, vor allem in seinen Predigten, nicht eine Art Pantheismus vertreten habe.

ren wieder wachsen, die Gott so in den schöpferischen Dialog hineinreißen kann wie Ekkehart. Wenn man dies voraussetzt, ist die Lektüre verständlich und tröstlich und kündet dem Menschen viel von dem Gottgeheimnis seines Herzens.

Morgen früh gebe ich diese Zettel weg, dann werden wohl keine mehr kommen vor der Entscheidung. Ehrlich gesagt, wenn ich ein Mittel wüßte, mich um diesen Tag zu drücken, ich täte es, so feige das auch klingt. Aber nun sind die Weichen einmal so gestellt. Dabei hängt alles an Nebensachen. Die Sache hat gar kein richtiges Thema. Bleibt S(perr) [179] bei seiner Aussage, die irrtümlich ist, dann ist alles umsonst, und es wird schwer sein, diesen perplexen Alten in der Situation, in der wir dort stecken, beweglich zu machen. Ach, es hat keinen Sinn, viel darüber nachzudenken. Besser ist, ich knie mich hin und bete und gebe alles in die Güte Gottes. Ad maiorem Dei gloriam.

52.

An Marianne Hapig/Marianne Pünder   5. Januar 1945

Ihr guten Leute, herzlich Vergelt's Gott für Eure findige Güte. Hoffentlich finden wir auch bald die Ecke, wohin es hinausgeht. Jetzt kommt die Nagelprobe des Glaubens. Einerseits die volle Freiheit, Gott nichts zu verweigern. Andererseits seine Zusage, daß das gläubige Vertrauen Gewalt über ihn hat. Meinem Haftbefehl mit den schönen Sachen darauf hab ich seit Wochen nicht mehr angeschaut. Die ganze Angelegenheit gehört Gott. Und es sind nicht nur alte Geschichten, daß dem gläubigen Vertrauen sich Gott nicht verweigert. Trotz des Ernstes der Lage bin ich von daher immer wieder getröstet. Bitte mitglauben und

[179] Vgl. Anm. 34.

mitbeten, immer wieder. Wir beten hier zu vieren, zwei Katholiken und zwei Protestanten[180] und glauben an die Wunder des Herrgotts.

Bitte die drei beiliegenden Briefe nach Lampertheim besorgen und zwar an den Pfarrer Heinrich Schäfer, Römerstraße 43[181], da ich nicht weiß, inwieweit Post an die Angehörigen direkt eingesehen ist. Schreiben Sie dem Pfarrer, was los ist. Es ist auch ein kurzer Brief für ihn dabei. —

Danke für den noch besorgten Meßwein. Ich kann nicht viel davon in der Zelle haben, immer nur ein kleines Fläschchen. Alles Gute. Vergelt's Gott — und auf Wiedersehen. Ich hoffe, Samstag oder Sonntag noch zum Schreiben zu kommen.

Ihr dankbarer

Max

53.

An P. Franz von Tattenbach   5. Januar 1945

L. T., gerade erfahre ich, der Herrgott habe Luisette[182] nun auch heimgeholt. Daß ich das Opfer mit Ihnen trage, wissen Sie. Sie war einer der wenigen Menschen, denen ich immer gerne begegnet bin. Sie ist im Licht des Herrgotts, daran zweifle ich nicht. Gern will ich sie in mein Opfer in allen Bedeutungen des Wortes mit hineinnehmen. Sagen Sie Ihrem Vater und Ihren Schwestern meine herzliche Teilnahme. Es sind dies nicht nur Worte, Sie wissen das.

Ach, es sind harte Gesetze, unter die uns der Herrgott gestellt hat, um uns nach unserer Echtheit zu fragen. Und das Herz weiß manchmal wirklich nicht mehr, wo es all

---

[180] Nikolaus Gross, Alfred Delp, Eugen Gerstenmaier, Helmuth J. von Moltke.

[181] Vgl. Anm. 46.

[182] Luisette Gräfin von Tattenbach (1908—1944) war am 27. November 1944 während eines Bombenangriffs auf Freiburg im Keller des Hauses mit 17 Fürsorgezöglingen verbrannt.

diese Antworten der Treue und Ergebung hernehmen soll. Allein hoffen wir es nicht mehr. Das ist uns gründlich vergangen, wenn wir es je geglaubt haben. Der geschlossene Kreis Gottes und der ihm einbeschlossenen Menschen helfen uns immer wieder einen Schritt weiter. Was ich tun kann, werde ich tun, Ihrer Schwester, Ihnen und Ihren Leuten die Treue zu halten. —

Meine Stunde schlägt nun auch, ob Montag oder Dienstag ist noch ungewiß. Man hört beides. Ob wir Montag noch hier sind oder schon bei der Gestapo, ist auch ungewiß. Ich hätte den Anwalt noch gerne einmal hier gehabt. Wenn wir erst Montag wegkommen, geht das wohl morgen noch, an Epiphanie. Heute Vigil und Herz Jesu-Freitag. Mit S(perr) hat sich noch nichts richten lassen. Das bleibt scheinbar offen bis zuletzt. Dios solo basta ist ein hohes Gesetz. Es macht weit und frei, aber manchmal auch zaghaft. So sind wir Menschen, besser, so bin ich Mensch. Wie Luise neulich schrieb: geweiht und gezeichnet und preisgegeben. [...]

Alles Gute, Tatt. Die Welt ist so voller Not und Sorge, daß ich mich fast schäme, daß sich Menschen auch noch um mich Sorgen machen. Behüt Sie Gott und danke

Georg

54.

An M.   5. Januar 1945

Nächste Woche scheint also endgültig die Entscheidung zu fallen. Ich bin guter Zuversicht. Der Herr hat mir ein inneres Weihnachtslicht angezündet, das mich in der Hoffnung stärkt. Ich träume sogar schon von der Heimreise, ich leichtsinniger Knabe. Die letzte Messe, die ich vorher lesen kann, wenn alles so bleibt, ist die Messe am Herz Jesu-Freitag.

Meine Schwester war sehr tapfer. Auf ihr Gebet und ihre Treue verlasse ich mich sehr. Dienstag ist der Todestag der Urbi. Ich hatte sie heute um ein Zeichen der Güte und Erbarmung gebeten. Mit diesem Besuch[183] meiner Schwester hatte ich noch nicht gerechnet. Erst gegen Ende der Woche. — Die Sache sieht noch haarig aus, aber ich vertraue und bete. Ich habe viel gelernt in diesem harten Jahr. Gott ist viel wirklicher und näher geworden.

Etwas im Langbehn gelesen.[184] Ich verstehe heute, wie die alten Stimmen[185] zu ihrem Artikel kamen. Der Mann hat es den Leuten reichlich schwer gemacht, hinter seinen allgemeinen Bemerkungen den neuen Typ zu sehen, den er ankündigte. In vergangenen Zeiten haben wir das Buch[186] schwärmerisch gelesen. Die jetzige Lektüre war in vielem ein Abschied. Die Leute damals hätten die Subjektivität spüren sollen. Sie wären von vielen Dingen nicht so überrascht und überfahren worden. Man wird die bleibenden Aussagen in ein kleines Bändchen sammeln müssen.

55.

An M.   6. Januar 1945

Eine liebe Aufmerksamkeit des Herrgotts hat es gefügt, daß ich auf die Nacht so lose gefesselt wurde, daß ich aus der Fessel herausschlüpfen konnte. Wie in der Heiligen Nacht konnte ich so heute die Messe mit ganz freien Händen lesen. Die vorletzte vor der Entscheidung. Den Herrn nehme ich nun doch mit. Das neue »Versteck«, das die Mariannen mir geschickt haben, läßt sich gut unterbringen. Auch in der Verhandlung wird der Herr dabei sein.

Heute war der Anwalt noch einmal da. Es müssen halt drei »Wenns« passieren, damit alles gut geht. Ich vertraue

---

[183] Besuch fand am 5. Januar statt.
[184] Julius Langbehn (1851–1907), kulturkritischer Schriftsteller.
[185] Peter Lippert SJ (1879–1936), Das Geheimnis des Rembrandtdeutschen: Stimmen der Zeit 111 (1926), 336–347.
[186] Rembrandt als Erzieher (Leipzig 1890).

fest. Auch die Freunde werden mich nicht im Stich lassen. Es ist ein Moment, in dem die ganze Existenz in einen Punkt eingefangen ist, und die ganze Wirklichkeit mit. Ich muß restlos Farbe bekennen. Die Realität Gottes, des Glaubens, der Welt, der Dinge und Zusammenhänge, die Verantwortung und Verantwortlichkeit für Worte und Handlungen, die Gnadenhaftigkeit und die Kämpferischkeit des Daseins, alles will auf einmal realisiert werden. Ich habe Gott kühn um die beiden Freiheiten gebeten. Und werde es jetzt wieder tun. Nachher will ich noch lesen oder noch etwas schreiben, bis der Nachschauer wieder kommt. Da muß ich Ruhe mimen.

Ich bin mir zur Zeit oft selbst ein Rätsel und kenne mich nicht recht aus mit mir. Wieso kann ich stunden- und tagelang leben, als ob die ganze Misere überhaupt nicht wäre? Das Ganze kommt mir so unwirklich vor. Sehr oft ist es überhaupt abwesend. Plötzlich erscheint es wieder. Manchmal würgt es mich auch und ich muß mich dann zur Ordnung rufen. Und mich an die Kräfte und Freunde erinnern.

Eigentlich habe ich, ehrlich gesagt, vor den Tagen selbst mehr Angst als vor dem Ergebnis. So offen alles noch ist: bis jetzt habe ich die volle Zuversicht des Lebens. Und auch die inneren Gespüre wissen nichts von Aufhören.

Mein Nachbar hat mich leise für verrückt erklärt, als ich ihm sagte, ich müßte am 15. II., am Tag, an dem 1943 der Urbi-Brief geschrieben ist, zu Hause sein.

Ein elendes Geschmier das. Aber die Pritsche ist so niedrig und den Stuhl kann man nicht an den Tisch stellen, wenn die Pritsche los ist.

Schade, daß aus den Bombenschadensabrechungen keine Sprechstunde mehr geworden ist. Ich hätte gerne noch ein gutes Gesicht gesehen vor dem Gang in die Arena. Aber es ist für Sie beide in München unmöglich, jetzt zu kommen, und T(attenbach) muß zur Verhandlung sowieso her. Ein gutes Gefühl, daß er im Vorzimmer betet.

56

An Maria Delp   6. Januar 1945

Liebe Mutter,

herzlichen Dank für Deine Grüße. Gestern war Greta
da. Sie war sehr lieb und tapfer. Ich freue mich, daß es Dir
gut geht und auch Marianne. Greta wird Dir ja gesagt
haben, was ich zu den verschiedenen Fragen meine (falls
es ihr gelungen ist, über München zu kommen). —
Nächste Woche scheint die Entscheidung zu kommen.
Bis Du diese Zeilen erhältst, weißt Du ja schon Bescheid.
Es ist alles in Gottes guter Hand. Und diese Hand muß
man verehren und ihr die Treue halten, auch wenn sie
einmal hart zufaßt. — Vater müßt ihr oft schreiben.[187] Und
auf Marianne achten, daß sie nicht verzogen wird. Da ist
eine große Gefahr dazu.

Alles Gute und Gottes Schutz, liebe Mutter. Dank für
alle Deine Liebe und Güte und Sorge. Ich weiß, Du hast
uns immer das Beste gewollt und getan. Grüße die guten
Leute, bei denen Du in München bist.[188] In Ecking grüße
die Lehrers[189] und alle in Wolferkam. Behüt Dich Gott

Alfred

57.

An Marianne Hapig/Marianne Pünder   6. Januar 1945

Ihr guten Leute, jetzt heißt es also beten, beten und ver-
trauen. Man darf Gott gegenüber nicht karg und klein sein,
im Geben nicht und auch im Verlangen und Erwarten
nicht. Gerade habe ich zu meiner größeren »Beruhigung«
noch erfahren, daß Fr(eisler) ein rechter »Pfaffenfresser«

---

[187] Delps Vater lag erkrankt im Krankenhaus in Lampertheim.
[188] Vgl. Anm. 13.
[189] Vgl. Anm. 87.

sein soll. Das kann ja heiter werden, bei dieser Gefechts-
lage. Wenn es nur gelungen wäre, den Sperrhaken vorher
herauszureißen. Damit der Mann nicht mit zu viel Fixie-
rungen schon anfängt. Aber auch darin wird ein Sinn lie-
gen, obwohl es nur ein blödsinniger Irrtum ist. Das ist
doch eigentlich lächerlich, daß nicht die Sache, sondern der
Irrtum mich bindet. —

Ihnen nochmals Vergelt's Gott für alle Güte und Hilfe.
Einmal werden Sie sicher spüren, wie sehr Sie Gottes größe-
res Gebot an uns getan haben. — Dieses Petrus-Leben hier
ist anstrengend. Immer wieder einmal schaut der arme Kerl
aufs Wasser und dann versäuft er. Die innere Geschichte
dieser Zeit ist ein Thema für sich. Es gab viele Wunden,
aber auch viele Wunder. Selten war ich mehr im Kloster,
bei mir und bei Gott. Ihnen immer Gottes Schutz und Segen

Max

58.

An Luise Oestreicher   Vor 7. Januar 1945

LL. einen herzlichen Gruß. Es geht mir wieder besser. Es
braucht halt jeder Tag seinen großen und tiefen Schnauf,
bis er um ist.

Bitte, vor allem anderen: Auf der Rückseite von: Die
Sachlage S. 2[190] ist ein Vorschlag, den Du gleich lesen
und mit P. Dold besprechen sollst. Zu dieser erwähnten
Tante[191] hat außerdem auch gute Beziehungen Oberst
v. Wurmb[192], den Dr. Schmitt[193] gut kennt. Über diese
»Tante« könnte man, falls ich verurteilt werde und den
Tag des Urteils überlebe, was meist nicht der Fall ist, ein
Gnadengesuch meiner Eltern an Himmler bringen.

---

[190] Vgl. Gesammelte Schriften IV, 336 – 337.
[191] Vgl. Anm. 113.
[192] Dr. Dr. Herbert Ritter von Wurmb (1884 – 1968).
[193] Dr. Leopold Schmitt (1883 – 1962), Rechtsanwalt; Freund Delps.

So, genug davon [...] Einstweilen bitte ich Dich sehr, mitzuhoffen und mitzubeten. An Gottes Herz hämmern hat die Urbi immer gesagt. Gott kann es noch machen und er allein. Und er hat sich eigentlich in die Gewalt der vertrauenden und glaubenden Menschen gegeben. Einen schönen Raum innerer Freiheit hat mich Gott gewinnen lassen. Das ist überhaupt die Gnade dieser harten Wochen, das Weggehen von mir selbst. Die Selbstsicherheit ist zerbrochen. Aber Gottes Wirklichkeit geht mir allmählich in großer Nähe und Dichtigkeit auf. Wie man nur so halb und viertels leben konnte, wie ich es getan habe. [...]

Die Sache ist, glaube ich, nur noch von Gott her zu reparieren. Der Entschluß, alles zu vernichten, was auch nur in die Nähe kam, ist doch klar. Aber ich setze auf Gott. Und ich wage auf ihn hin. Es geht nicht immer leicht und gut. Wie Petrus, den Du ja so magst. Solange er den Herrn anschaute, gings. Sah er das Toben und sich selbst, da ging er auch unter [...]

Behüt Dich Gott. Grüß die Freunde. Bitte alle ums Beten, die Interesse dafür haben. Allmählich kommts wohl, wir sind sehr wenige geworden hier. Schreib meiner Schwester ab und zu. Ich schreib auf diesem Weg nicht nach Hause, da meine Mutter es nicht verschweigen könnte. Laßt die Kinder beten. Behüt Dich Gott und Dank Dir

Georg

Könnt Ihr, wenn es noch Sinn hat, den Leuten hier etwas mit Futter und Rauch helfen. Ich hab immer das Gefühl, ich nehme ihnen das Ihrige weg.

59.

An M.   7. Januar 1945

Gleich nach der Freistunde ist die letzte Gelegenheit, etwas weiterzugeben. Das heißt, während der Freistunde. Drum rasch noch ein paar Zeilen.

Die Gestalt des Leonardo da Vinci hat mich gestern mehr interessiert als meine Anklage. Ich muß diesem weitverzweigten und widerspruchsvollen Menschen etwas nachgehen. Da scheinen manche Rätsel des modernen Menschen zuerst aufgegeben zu sein; aber es scheinen auch einige Schlüssel zu finden zu sein zur Lösung.

Klees[194] soll man sagen, ich meine jetzt, das Geheimnis Goethes liegt doch bei Spinoza; dieser wird in wahre, erlebte Lyrik umgesetzt. Und der Zugang zu Faust geht über Wilhelm Meister. Gerade weil in diesem Goethe nicht so konzentriert spricht wie sonst, ist manches Thema offener liegen geblieben. Im Faust treffen sich viele Themen des Lebens, der Geschichte, der Kultur. Die allgemein menschlichen und geistigen; auch die geistesgeschichtlichen der damaligen Zeit. Z.B. die innerlich nicht geleistete Begegnung zwischen der antiken Kultur und dem aufkommenden homo faber. Das letzte Wort behält leider der homo faber, auch bei Goethe.

Jetzt kommt der Mann mit den Eisen gleich. Und morgen geht es ins Haus des Schweigens. Möge meiner Mutter bald die Freude des heutigen Evangeliums geschenkt werden.[195] Die Schmerzen der Entbehrung hat sie nun genug getragen.

In nomine Domini. Abschiedsbriefe habe ich keine geschrieben, da sich innerlich alles sperrt dagegen.

60.

An Marianne Hapig/Marianne Pünder   7. Januar 1945

Ihr guten Leute, also nächsten Dienstag und Mittwoch[196]. Da ich Montag aber wohl schon weg bin[197], werde ich die

[194] Dr. Hubert Klees (1904–1984), mit Delp befreundeter Geistlicher.
[195] Luk 2,42–52.
[196] Termin der Verhandlung vor dem Volksgerichtshof.
[197] Die Gefangenen kamen gewöhnlich für die Prozeßtage in das Reichssicherheithauptamt.

Messe vorher lesen. Wichtig wäre mir noch zu erfahren, ob Tatt(enbach) den ersten Brief vor seiner Abreise erhalten hat? Wenn nicht, wird er wohl dieser Tage kommen. Man möchte die betreffenden Angaben spätestens am Montag beim Oberreichsanwalt machen.

Ebenso, ob die Sache mit S(perr) gegangen ist. Auch da wüßte ich gerne Bescheid, vielleicht geht es noch.

Nun geht es also aufs Seil. Ich bin ganz guter Dinge und immer noch in guter Zuversicht. Ich weiß zwar nicht, was die Pandorabüchse der Anklageschrift enthält. Aus ihr sollen immer noch so schöne Überraschungen herausspringen.

Das Wunder muß also darin bestehen, das Urteil, das die Herren fertig in der Tasche mitbringen, umzustoßen. Der Kopf ist in der Schlinge und soll wieder heraus, bevor zugezogen wird.

Behüt Sie Gott. Vergelt's Gott für alle Liebe und Güte. Ich bin dem Herrn trotz aller Qual und allem Jammer nicht um eine einzige Stunde bös. Es ist doch alles Samen. — Die alten guten Grüße und Wünsche

Max

61.

An P. Franz von Tattenbach   7. Januar 1945

L. T., da ich nicht weiß, ob ich noch erreichbar bin, bis Du kommst, folgendes:

1. Sage dem Anwalt, er solle unbedingt versuchen, *Gross* als Zeugen herzubekommen. Der wird am Tag nachher verhandelt. Er fällt um, wenn er dazu Gelegenheit hat.

2. Die leidige Sache mit S(perr). Da scheint sich gar nichts getan zu haben. Ist über den Anwalt nichts zu machen? Ich hätte das gern vorher geklärt wegen der psychologischen Präjudizien.

3. Ihnen Dank für alle Treue und Güte. Ich verlaß mich sehr auf Sie.

Im übrigen: Dios solo basta. Sie ist schon anstrengend, diese Partnerschaft. Und ich verstehe sehr gut, daß dem Petrus Angst und Bange wurde, als er einmal vom Herren weg auf die Lache schielte.

Grüßen Sie die Chefs, die Kollegen, die Freunde. Ihnen Gottes Schutz und Segen

Ihr Georg

62.

An Marianne Hapig/
Marianne Pünder   Kurz vor 9. Januar 1945

Danke. [198]
Auf Wiedersehen!
Beten.

Delp

Kann ich einen kl(einen) Koffer haben? Bisher bin ich mit einer Pappschachtel gereist.

Ist die Besorgung von etwas Ostermeiersalbe möglich?

63.

An P. Franz von Tattenbach   10. Januar 1945

Lieber Tatt,

nun muß ich Ihnen doch den Abschiedsbrief schreiben. Ich sehe keine andere Möglichkeit mehr. Der Herr will das Opfer. Die ganzen harten Wochen hatten den Sinn der Erziehung zur inneren Freiheit. Er hat mich bisher vor allen Zusammenbrüchen und Erschütterungen bewahrt. Er wird mir auch über die letzten Stunden hinweghelfen. Wie ein träumendes Kind trägt er mich oft.

[198] Bestellzettel.

Ihnen Dank und Vergelt's Gott für alles. Wir bleiben ja zusammen. Grüßen Sie Knigge[199] recht herzlich. Gerade habe ich noch zelebriert. Wer kann sich heute so auf diese Möglichkeit rüsten?

Der Prozeß war eine große Farce. Sachlich wurden die Hauptanklagen: Beziehung zum 20. 7. und Stauffenberg gar nicht erhoben. Sperr hat seine Aussage sehr gut korrigiert. Es war eine große Beschimpfung der Kirche und des Ordens. Ein Jesuit ist und bleibt eben ein Schuft. Das alles war Rache für den abwesenden Rösch[200] und den Nicht-Austritt[201]. Beim Strafantrag wurde eigens die Intelligenz und Tatkraft eines *Jesuiten* als erschwerend hervorgehoben. Die Verhandlung strotzte von Beschimpfungen der Kirche und ihrer Einrichtungen, Skandale, wie Bischöfe, die Kinder hätten ect., die lat(einische) Sprache, das jesuitische Kupplertum usw. waren jedes zweite Wort. *Sachlich* konnte ich sagen, was ich wollte: einem Jesuiten glaubt man nicht, da er grundsätzlich ein Reichsfeind und vor allem ein Feind der NSDAP ist. So sind dann auch die Strafanträge von Leuten, die um Goerdeler gewußt und mit ihm gesprochen hatten, milder als der meine.

Auch Moltke wurde fürchterlich beschimpft wegen seiner Beziehung zu Kirche und Jesuiten. Ein Moltke neben einem Jesuiten ist eine Schande und Entartung. Was ich bei der Gestapo schon erfahren habe, war hier wieder spürbar: diese dichte Intensität des Hasses gegen Kirche und Orden. So hat die Sache wenigstens noch ein echtes Thema bekommen.

Ihnen alles Gute und Liebe. Sorgen Sie bitte etwas für meine Leute. Behüt Sie Gott. Auf Wiedersehn

Ihr dankbarer
Alfred Delp

[199] Vgl. Anm. 9.
[200] P. Rösch war untergetaucht und wurde am Morgen des 11. Januar 1945 in Hofgiebing (nahe München) aufgrund des Verrats seines Versteckes von der Gestapo verhaftet.
[201] Delp war auf das Ansinnen und Angebot, aus dem Jesuitenorden auszutreten, nicht eingegangen.

64

An Familie Kreuser   11. Januar 1945

Liebe Freunde, nun geht es anscheinend doch den anderen
Weg. Die Todesstrafe ist beantragt, heute ist Urteilsver-
kündung und anschließend gleich die Vollstreckung. Die
Atmosphäre ist so voller Haß und Feindseligkeit, daß
das Ergebnis nicht zweifelhaft ist, obwohl die Anklage in
ihren schwersten Punkten nicht aufrecht erhalten werden
konnte.

Vergelt's Gott für alles. Nicht traurig sein. Es ist der
Herrgott, der die Schicksale fügt. Ich danke für viel Güte
und Liebe und Hilfe. Und ich bitte, meinen Leuten über
die Sache hinwegzuhelfen und sie auch sonst stets etwas
im Auge und in der Sorge zu behalten.

Grüßen Sie die Kinder besonders, allen alles Gute und
Gottes mächtigen Schutz. Sie sollen es besser machen.
Grüße auch an den Opa[202]. Alles Gute und Gottes Segen
immer. Ich werde noch zelebrieren und dann im Namen
Gottes mich seinem Schicksal stellen. Auf Wiedersehen

Alfred

65.

An Luise Oestreicher   11. Januar 1945

Liebe Luise, nun muß ich doch einen Abschiedsbrief schrei-
ben. Der Herrgott will anscheinend das ganze Opfer und
den anderen Weg. Das Todesurteil ist beantragt und die
Atmosphäre ist so voller Haß und Feindseligkeit, daß ich
da keinen Ausweg mehr sehe. Haß und Feindseligkeit ha-
ben die ganze Verhandlung geführt. In ihren eigentlichen
Belastungspunkten kam die Anklage zu Fall. Aber vom
ersten Wort an habe ich gewußt, daß das Ergebnis fertig

[202] Vgl. Anm. 79.

ist. Nun bin ich innerlich in einer ganz eigenen Lage. Obwohl ich weiß, daß ich nach dem normalen Verlauf der Dinge heute Abend sterben werde, ist es mir gar nicht so zu Mute. Vielleicht ist Gott gnädig; und spart mir die Todesangst auf bis zu den letzten Stunden. Oder soll ich immer noch an das Wunder glauben? Adoro und suscipe sind die letzten Worte der Epiphanie-Betrachtung, die ich Dir geschrieben habe. Lassen wir es dabei. Nicht traurig sein [...] Bet für mich und ich helfe Dir auch. Wirst schon sehen. Jetzt muß ich mich ganz loslassen. — Dank für alle Liebe und Güte und Treue. Und trag mir meine Launen und Unfertigkeiten und Härten und Bosheiten nicht nach.

Grüß die Freunde. Was auch kommen mag, es sei gegeben für Euch und für dies Volk als Samen und Segen und Opfer. Behüt Dich Gott. Nun hast Du zwei Brüder[203] als Schutzengel.

In dem einen Umschlag sind Zeitungsfetzen[204] etc., die ich in meiner einsamsten Zeit aus Toilettenfetzen herausgerissen habe als Worte der Besinnung. Ich wollte sie auf ein Blatt kleben und etwas dazu schreiben und Dir ein Geschenk machen damit.

Behüt Dich Gott und bleib tapfer. Danke und auf Wiedersehn

Alfred

66.

An Maria Delp   11. 1. 1945

Liebe Mutter, nun muß ich Dir den schwersten Brief schreiben, den ein Kind seiner Mutter schreiben kann. Es ist alles so aussichtslos geworden, daß ich mit dem Todesurteil und seiner darauffolgenden Vollstreckung rechnen muß. Liebe Mutter, bleibe tapfer und aufrecht. Es ist der Herrgott, der die Schicksale fügt. Wir wollen uns ihm geben und nicht

---

[203] Hinweis auf den am 16. November 1944 bei einem Bombenangriff umgekommenen Bruder von Frau L. Oestreicher.
[204] Diese Texte gingen verloren.

böse sein. Es ist hart für Dich, liebe Mutter, aber es muß getragen sein.

Herzlich danke ich Dir für alle Liebe und Güte. Du warst uns so viel in liebevoller Sorge und hast so viel getan und gelitten für uns. Herzlichen Dank für alles und jedes, das Du mir gabst und warst.

Grüß Vater recht herzlich. Ich glaub, ich schreibe ihm nicht eigens. Müßt ihn allmählich vorbereiten. Sag auch ihm herzlichen Dank für alles.

Bleib tapfer, liebe Mutter. Bete für mich. Wenn ich bei Gott bin, werde ich immer für Dich beten und bitten und viele versäumte Liebe nachholen.

Wir sehen uns ja wieder. Eine kleine Weile nur und wir sind wieder beisammen. Dann für immer und ewig und in der Freude Gottes.

Behüt Dich Gott, Mutterl. Schau gut auf Marianne, daß sie gerade und recht aufwächst. Ich werde schon ein Auge auf sie haben. Herzlich grüße ich Dich,

Dein dankbarer

Alfred

67.

An Marianne Hapig/Marianne Pünder   11. Januar 1945

Ihr guten Leute, nun geht es also wohl doch den andern Weg. Wie der Herrgott will. In seine Freiheit und Güte sei alles gestellt und übergeben.

Vergelt's Gott für alle Güte und Liebe. Das war kein Gericht, sondern eine Orgie des Hasses ...

Die Anklagepunkte, die die ursprüngliche Belastung ausmachten, ließen sich nicht aufrechterhalten.

Durch die Art des Prozesses hat das Leben ja ein gutes Thema bekommen, für das sich sterben und leben läßt. Die Urteilsbegründung bzw. die Verhandlung stellte folgende 4 Belastungen auf (alles andere ist Unsinn; wichtig keine Beziehung zum 20. Juli etc.):

1. Gedanken an eine deutsche Zukunft nach einer möglichen Niederlage (»Mit uns stirbt der letzte Deutsche, NSDAP und deutsches Reich und deutsches Volk zusammen«, Freisler).

2. Unvereinbarkeit von NS und Christentum. Deswegen waren meine Gedanken falsch und gefährlich, weil sie von dem ausgingen (das Moltke vorgeworfene »Rechristianisierungsdenken« ist ein »Anschlag gegen Deutschland«).

3. Der Orden ist eine Gefahr und der Jesuit ein Schuft, wir sind grundsätzlich Feinde Deutschlands.

4. Die katholische Lehre von der iustitia socialis[205] als Grundlage für einen kommenden Sozialismus.

Die Verhandlung ist auf Schallplatten aufgenommen. Man wird sie im geeigneten Moment vielleicht nützen können. Wenn ich sterben muß, ich weiß wenigstens warum. Wer weiß das heute von den vielen. Wir fallen als Zeugen für diese 4 Wahrheiten und Wirklichkeiten, und wenn ich leben darf, weiß ich auch, wozu ich ausschließlich da bin in Zukunft. Grüßen Sie alle Bekannten.

Vergelt's Gott für alles. Bei Buchholz[206] ist noch Post. Bitte besorgen. Besonders die Eigentumsliste bald nach München, damit die Sachen nicht weggeholt werden. Bis jetzt habe ich noch keine Angst. Gott ist gut. Bitte beten. Von dort aus werde ich antworten.

Auf Wiedersehen
Max

68.

An die Mitbrüder   11. Januar 1945

Liebe Mitbrüder, nun muß ich doch den andern Weg nehmen. Das Todesurteil ist beantragt, die Atmosphäre ist so voll Haß und Feindseligkeit, daß heute mit seiner Verkündigung und Vollstreckung zu rechnen ist.

[205] Vgl. dazu die Sozialenzykliken.
[206] Peter Buchholz (1888–1963), seit 1943 Oberpfarrer am NS-Hinrichtungsgefängnis Berlin-Plötzensee.

Ich danke der Gesellschaft und den Mitbrüdern für alle Güte und Treue und Hilfe, auch und gerade in diesen schweren Wochen. Ich bitte um Verzeihung für vieles, was falsch und unrecht war, und ich bitte um etwas Hilfe und Sorge für meine alten, kranken Eltern.

Der eigentliche Grund der Verurteilung ist der, daß ich Jesuit bin und geblieben bin. Eine Beziehung zum 20. 7. war nicht nachzuweisen. Auch die Stauffenberg-Belastung ist nicht aufrecht erhalten worden. Andere Strafanträge, die wirkliche Kenntnis des 20. 7. betrafen, waren viel milder und sachlicher. Die Atmosphäre war so voll Haß und Feindseligkeit. Grundthese: ein Jesuit ist a priori der Feind und Widersacher des Reiches. Auch Moltke wurde sehr häßlich behandelt, weil er uns, bes. Rösch, kannte. So ist das ganze von der einen Seite eine Komödie gewesen, auf der anderen aber doch ein Thema geworden. Das war kein Gericht, sondern eine Funktion des Vernichtungswillens.

Behüt Sie alle der Herrgott. Ich bitte um Ihr Gebet. Und ich werde mir Mühe geben, von drüben aus das nachzuholen, was ich hier schuldig geblieben bin.

Gegen Mittag werde ich noch zelebrieren und dann in Gottes Namen den Weg seiner Fügung und Führung gehen.

Ihnen Gottes Segen und Schutz
Ihr dankbarer *Alfred Delp S. J.*

69.

An Marianne Hapig/
Marianne Pünder   Nach 11. Januar 1945

Danke[207] für alles.

Ich weiß nicht, ob ich selbst ein Gnadengesuch[208] machen soll, da ich persönlich so verhaßt bin.

[207] Bestellzettel.
[208] Auf dem Bestellzettel stand ein Hinweis auf ein Gnadengesuch von seiten Delps.

Man muß stark betonen, daß ich laut Feststellung des V.G.H. mit dem 20. 7. nichts zu tun habe. Das muß aber jemand anderer machen. —

Mir geht es gut. Gott ist sehr gut zu mir. — Wenn Greta kann, soll sie kommen. — Tatt(enbach) muß das mit dem 20. 7. in München *schnell* erfahren.[209]

Bitte die Frage meines Gesuches überlegen und bald Bescheid.

70.

An M.   Nach dem 11. Januar 1945

Nach der Verurteilung

Das ist ein eigenartiges Leben jetzt. Man gewöhnt sich so schnell wieder an das Dasein und muß sich das Todesurteil ab und zu gewaltsam in das Bewußtsein zurückrufen. Das ist ja das Besondere bei diesem Tod, daß der Lebenswille ungebrochen und jeder Nerv lebendig ist, bis die feindliche Gewalt alles überwältigt. So daß die gewöhnlichen Vorzeichen und Mahnboten des Todes hier ausbleiben. Eines Tages wird eben die Tür aufgehen und der gute Wachtmeister wird sagen: einpacken, in einer halben Stunde kommt das Auto. Wie wir es so oft gehört und erlebt haben.

Eigentlich hatten wir damit gerechnet, gleich am Donnerstag abend nach Plötzensee gefahren zu werden. Wir sind anscheinend die ersten, bei denen wieder Fristen eingehalten werden. Oder ob es die Gnadengesuche schon waren? Ich glaube nicht: Frank[210] kam gestern auch zurück, obwohl für ihn noch kein Gesuch lief. Daß Frank auch verurteilt würde, hätte niemand gedacht. Aber dort ist alles Subjektivität, nicht einmal amtliche, sondern ganz

[209] Hinweis auf Aktivitäten im Sinne von Kassiber Nr. 67; vgl. S. 101–102.   [210] Vgl. Anm. 145.

personale Subjektivität. Der Mann (Freisler) ist gescheit, nervös, eitel und anmaßend. Er spielt Theater und der Gegenspieler muß unterlegen sein. Wo dies schon im Dialog geschieht, kommt die Überlegenheit des Gnädigen zu Geltung und Wirkung. [211]

Ich kam mir bei der ganzen Sache eigentlich recht unbeteiligt vor. Es war wie eine schlechte Pullacher Disputation, nur daß der Defendens dauernd wechselte und der Dauerobjicient auch zugleich entschied, wer Recht hat. Die Mitrichter, das »Volk« am Volksgericht waren gewöhnliche, dienstbeflissene Durchschnittsgesichter, die sich in ihrem blauen Anzug sehr feierlich vorkamen und sehr wichtig neben der roten Robe des Herrn Vorsitzenden. Gute, biedere SA-Männer, die die Funktion des Volkes: Ja zu sagen, ausüben.

Es ist alles da, es fehlt nichts: feierlicher Einzug, großes Aufgebot von Polizei, jeder hat zwei Mann neben sich; hinter uns das »Publikum«: meist Gestapo usw. Die Gesichter der Schupos gutmütig-gewohnt-gewöhnlich. Das Publikum hat durchschnittlich den Typ des »einen« Deutschland. Das »andere« Deutschland ist nicht vertreten oder wird zum Tode verurteilt. Eigentlich fehlte noch eine Ouvertüre zu Beginn und ein Finale zu Ende oder zumindest Fanfaren.

Die Verhandlung selbst war geschickt und raffiniert gestellt. So raffiniert, daß keiner mit dem zu Wort kommen konnte, was den anderen entlastete oder ihm selbst von Vorteil war. Es wurde genau das und nur das gefragt und zur Aussage zugelassen, was nach der gerade gültigen These langt zum Verurteilen.

Unsere Verhandlung war gestellt auf Moltkes und meine Vernichtung. Alles andere waren Kulissen und Statisten. Ob Sperr auch fallen würde, war trotz der Sachlage bis zum Ende offen. Als die Verhandlung mit mir eröffnet

[211] Vgl. das Urteil von Helmuth J. von Moltke über Freisler; Helmuth J. von Moltke, Letzte Briefe. Berlin [13]1981, 50—51.

wurde, spürte ich bei der ersten Frage die Vernichtungsabsicht. Die Fragen waren schön geordnet, auf einem Zettel präpariert. Wehe, wenn die Antworten anders ausfielen als erwartet. Das war dann Scholastik und Jesuitismus. Überhaupt ist das so, daß ein Jesuit mit jedem Atemzug ein Verbrechen tut. Und er kann sagen und beweisen und tun, was er will: er ist eben ein Schuft und es wird ihm nichts, gar nichts geglaubt. Die Sachlage Gerstenmaier ist doch viel schlimmer als meine: er wird als protestantischer Pfarrer, von dem man sich, wie er mir selber sagte, eine baldige Brauchbarkeit erhofft, zum »blassen Theoretiker« erklärt und dann übersieht man alles: Goerdeler, den 20. 7., Moltke, Kreisau, alles. Ich sage damit nichts gegen Gerstenmaier. Er ist ein feiner, tiefgläubiger Mensch, dem ich sein Leben herzlich gönne und der noch viel Gutes tun wird. Aber so wurden die Kulissen gestellt und das ist dann das »Recht«. O deutsches Volk, in dessen Namen zum Schluß das Urteil verkündigt wurde!

Die Beschimpfungen von Kirche, Orden, kirchengeschichtlichen Überlieferungen etc. waren schlimm. Ich mußte eigentlich an mich halten, um nicht loszuplatzen. Aber dann wäre die Atmosphäre für alle verdorben gewesen. Diese herrliche Gelegenheit für den großen Schauspieler, den Gegenspieler für einen gescheiten, überragenden, verschlagenen Menschen zu erklären und sich dann so unendlich überlegen zu zeigen. Es war alles fertig, als er anfing. Ich rate allen meinen Mitbrüdern dringend ab, sich dahin zu begeben. Man ist dort kein Mensch, sondern »Objekt«. Und dabei alles unter einem inflationistischen Verschleiß juristischer Formen und Phrasen. Kurz zuvor las ich bei Plato: Das ist das höchste Unrecht, das sich in der Form des Rechtes vollzieht.

Unser eigentliches Vergehen und Verbrechen ist unsere Ketzerei gegen das Dogma: NSDAP — Drittes Reich — Deutsches Volk: leben gleich lang. Die drei sterben miteinander. Man wird Herrn Freisler einmal daran erinnern

müssen, wie gut es wäre, wenn jetzt jemand Moltkes Nach-
kriegspläne und Abwehrpläne durchführen würde. Und
wie viele von den Männern, die er gerichtet hat, jetzt fehlen.

Wer es wagt, diese NS-Dreifaltigkeit oder besser Drei-
Einigkeit anzuzweifeln, ist ein Ketzer und die früheren
Ketzergerichte sind Spielereien gegen die Raffinesse und
tödliche Akribie dieser jetzigen.

Bei Moltke wäre auch alles besser gegangen, wenn er
nicht »kirchlich gebunden« wäre, ihm nicht »Rechristiani-
sierungsabsichten« nachgewiesen wären, er nicht mit Bi-
schöfen und Jesuiten verkehrt hätte. Ach, was waren wir
Toren, als wir uns sachlich auf die Verhandlung vorbereite-
ten. Darum ging es ja gar nicht. Dies ist kein Gericht,
sondern eine Funktion. Ein ganz eindeutiges Echo und
sonst nichts. Wie ein Mann das jeden Tag tun mag, verstehe
ich nicht.

Am Donnerstag abend war also Schlußsitzung. Wieder
alles im gleichen Stil. Wie Preisverteilung in einer kleinen
Schule, die nicht einmal den richtigen Raum dafür hat.
Und anschließend dachten Moltke und ich, wir führen nach
Plötzensee. Wir sind aber immer noch in Tegel.

Auch bei der Verurteilung war ich innerlich so unbetei-
ligt wie an den ganzen zwei Tagen. Ich habe die zwei Tage
das Sanctissimum bei mir gehabt und vor der Fahrt zum
Urteil zelebriert und als letzte Speise *die* Speise genossen.
So wollte ich bereit sein, aber ich bin immer noch am
Warten.

Bis jetzt hat mir der Herrgott sehr herrlich und herzlich
geholfen. Ich bin noch nicht erschrocken und noch nicht
zusammengebrochen. Die Stunde der Kreatur wird schon
auch noch schlagen. Manchmal kommt eine Wehmut über
mich, wenn ich an das denke, was ich noch tun wollte.
Denn jetzt bin ich ja erst Mensch geworden, innerlich frei
und viel echter und wahrhafter, wirklicher als früher. Jetzt
erst hat das Auge den plastischen Blick für alle Dimensio-
nen und die Gesundheit für alle Perspektiven. Die Verkür-

zungen und Verkümmerungen beheben sich. — Ja, und dann die Menschen, die eben zurückbleiben.

Ja, und ganz ehrlich gesagt, ich glaube noch nicht an den Galgen. Ich weiß nicht, was das ist. Vielleicht eine große Gnade und Hilfe des väterlichen Gottes, der mich so die Wüste bestehen läßt, ohne in ihr verdursten zu müssen. Während der ganzen Verhandlung, auch als ich merkte, das »Wunder« bleibt aus, war ich weit oben drüber und unberührbar durch all die Vorgänge und Aussichten. Ist das das Wunder oder was ist das? Ich bin Gott gegenüber wirklich in einiger Verlegenheit und muß mir darüber klar werden.

Diese ganzen bitteren Monate der Reife und des Unglücks stehen unter einem ganz eigenartigen Gesetz. Von der ersten Minute an war ich innerlich sicher, es würde alles gut gehen. Gott hat mich in dieser Sicherheit immer wieder bestärkt. Ich habe in diesen letzten Tagen gezweifelt und überlegt, ob ich Selbsttäuschungen zum Opfer gefallen bin, ob sich mein Lebenswille in religiöse Einbildungen sublimiert hat oder was das war. Aber diese vielen spürbaren Erhebungen mitten im Unglück; diese Sicherheit und Unberührtheit in allen Schlägen; dieser gewisse »Trotz«, der mich immer wissen ließ, es wird ihnen die Vernichtung nicht gelingen; diese Tröstungen beim Gebet und beim Opfer; diese Gnadenstunden vor dem Tabernakel; diese erbetenen und immer wieder gegebenen und gewährten Zeichen: ich weiß nicht, ob ich das alles jetzt wegtun darf. Soll ich weiter hoffen? Will der Herrgott das Opfer, das ich ihm nicht versagen will oder will er die Bewährung des Glaubens und Vertrauens bis zum äußersten Punkt der Möglichkeit? Als ich zum ersten Verhör in Berlin gefahren wurde, fiel mir das Bild der nicht krepierten Ignatiushaus-Bombe[212] ins Bewußtsein und ich hörte einfach unwegdis-

---

[212] Während des Bombenangriffs vom 16. Juli 1944 durchschlug eine Bombe das Ignatiushaus in München (Kaulbachstraße 31a) bis in den Keller, explodierte dort aber nicht.

kutierbar die Worte: sie wird nicht platzen. Ich habe dann Stunde um Stunde, Tag um Tag, Woche um Woche auf die Erfüllung gewartet. Zuerst habe ich an die elegante Lösung durch Klugheit und Tüchtigkeit geglaubt. Aber damit war es bald aus.

Und dies ist das zweite Gesetz, unter dem diese Wochen stehen: es ging alles schief, was ich unternahm, um mir zu helfen. Ja, nicht nur schief, es war eigentlich immer zum Unheil. So auch jetzt bei der Verhandlung. Der Anwaltswechsel, der zunächst so gut schien, war nicht gut. Als der Mann den Anti-Jesuiten-Komplex spürte, sagte er mir noch während der Verhandlung: gegen den Jesuitismus sei er allerdings auch. Daß man dem Freisler das Büchlein (Der Mensch und die Geschichte) [213] geschickt hat, hat nur bewirkt, daß er mich für gescheit hielt und für umso gefährlicher. Die Dinge, die wir für unsere Verteidigung vorbereitet hatten, wurden uns in neue Belastungen umgedeutet. Der ganze äußere Verlauf war Scheitern und Schiffbruch und Ohnmacht über Ohnmacht. Und dazwischen wieder die ganz eigenartige Art unseres Unglücks: daß wir in Tegel blieben; daß wir heute noch leben, obwohl wir uns auf Donnerstag eingestellt hatten usw.

Was will der Herrgott mit alledem? Ist es Erziehung zur ganzen Freiheit und vollen Hingabe? Will er den ganzen Kelch bis zum letzten Tropfen und gehören dazu diese Stunden des Wartens und eigenartigen Advents? Oder will er die Glaubensprobe?

Was soll ich jetzt tun, ohne untreu zu werden? Soll ich weiter hoffen, trotz der Aussichtslosigkeit? Ist es Untreue, wenn ich davon ablasse? Soll ich mich ganz loslassen und die Abschiede vollziehen und mich ganz auf den Galgen einstellen? Ist es Feigheit oder Trägheit, dies nicht zu tun und noch zu hoffen? Soll ich einfach in der Freiheit zur Verfügung bleiben und in der Bereitschaft? Ich kenne mich

[213] Vgl. Gesammelte Schriften II, 349−429.

noch nicht recht aus und bete dauernd um Erleuchtung und Führung. Dazu das angenommene Opfer der Urbi, genau heute vor 7 Monaten? Daß man auch da immer im eigenen Herzen noch Prozesse führen muß! Aber sie sollen ehrlich geführt werden, unter dem Vorsitz des Heiligen Geistes.

Wenn ich vergleiche die Ruhe und Unbefangenheit während der Tage des Prozesses und bei der Verurteilung mit der Angst, die ich manchmal bei den Angriffen in München hatte: da ist doch vieles so ganz anders. Aber wieder die Frage: war dieses Anders-Werden der Zweck, das Ziel dieser Erziehung oder ist diese innere Erhebung und Hilfe eben das Wunder?

Ich weiß nicht. Normalerweise ist ja gar keine Aussicht mehr. Die Atmosphäre hier ist so verdorben für mich, daß auch ein Gnadengesuch überhaupt keine Aussicht hat. Ist es nun Torheit, noch zu hoffen, oder Einbildung oder Feigheit oder Gnade? Ich sitze oft da vor dem Herrn und schaue ihn nur fragend an.

Auf jeden Fall muß ich mich innerlich gehörig loslassen und mich hergeben. Es ist Zeit der Aussaat, nicht der Ernte. Gott sät; einmal wird er auch wieder ernten. Um das eine will ich mich mühen: wenigstens als fruchtbares und gesundes Saatkorn in die Erde zu fallen. Und in des Herrgotts Hand. Und mich gegen den Schmerz und die Wehmut wehren, die mich manchmal anfallen wollen. Wenn der Herrgott diesen Weg will, — und alles Sichtbare deutet darauf hin — dann muß ich ihn freiwillig und ohne Erbitterung gehen. Es sollen einmal andere besser und glücklicher leben dürfen, weil wir gestorben sind.

Ich bitte auch die Freunde, nicht zu trauern, sondern für mich zu beten und mir zu helfen, solange ich der Hilfe bedarf. Und sich nachher darauf zu verlassen, daß ich geopfert wurde, nicht erschlagen. Ich hatte nicht daran gedacht, daß dies mein Weg sein könnte. Alle meine Segel wollten steif vor dem Wind stehen; mein Schiff wollte auf große Ausfahrt, die Fahnen und Wimpel sollten stolz und hoch in allen Stürmen gehißt bleiben. Aber vielleicht wären es die falschen Fahnen geworden oder die falsche Richtung oder für das Schiff die falsche Fracht und unechte Beute. Ich weiß es nicht. Ich will mich auch nicht trösten mit einer billigen Herabminderung des Irdischen und des Lebens. Ehrlich und gerade: ich würde gerne noch weiterleben und gern und jetzt erst recht weiter schaffen und viele neue Worte und Werte verkünden, die ich jetzt erst entdeckt habe. Es ist anders gekommen. Gott halte mich in der Kraft, ihm und seiner Fügung und Zulassung gewachsen zu sein.

Es bleibt mir noch, vielen Menschen für ihre Treue und Güte und Liebe zu danken. Dem Orden und den Mitbrüdern, die mir einen schönen und echten geistigen Lebensraum schenkten. Und den vielen echten Menschen, denen ich begegnen durfte. Wer gemeint ist, weiß es schon. Ach, Freunde, daß die Stunde nicht mehr schlug und der Tag nicht mehr aufging, da wir uns offen und frei gesellen durften zu dem Wort und Werk, dem wir innerlich entgegenwuchsen. Bleibt dem stillen Befehl treu, der uns innerlich immer wieder rief. Behaltet dieses Volk lieb, das in seiner Seele so verlassen und so verraten und so hilflos geworden ist. Und im Grunde so einsam und ratlos, trotz all der marschierenden und deklamierenden Sicherheit. Wenn durch einen Menschen ein wenig mehr Liebe und Güte, ein wenig mehr Licht und Wahrheit in der Welt war, hat sein Leben einen Sinn gehabt.

Und auch die will ich nicht vergessen, denen ich Schuldner bleiben muß. Ich bin vielen vieles schuldig geblieben. Denen ich wehe getan, sie mögen mir verzeihen. Ich habe gebüßt. Zu denen ich unwahr und unecht war, sie mögen mir verzeihen. Ich habe gebüßt. Zu denen ich anmaßend und stolz und lieblos war, sie mögen mir verzeihen. Ich habe gebüßt. O ja, in den Kellerstunden, in den Stunden der gefesselten Hände des Körpers und des Geistes, da ist vieles zerbrochen. Da ist vieles ausgebrannt, was nicht würdig und wertig genug war.

So lebt denn wohl. Mein Verbrechen ist, daß ich an Deutschland glaubte auch über eine mögliche Not- und Nachtstunde hinaus. Daß ich an jene simple und anmaßende Drei-Einigkeit des Stolzes und der Gewalt nicht glaubte. Und daß ich dies tat als katholischer Christ und als Jesuit. Das sind die Werte, für die ich hier stehe am äußersten Rande und auf den warten muß, der mich hinunterstößt: Deutschland über das Heute hinaus als immer neu sich gestaltende Wirklichkeit — Christentum und Kirche als die geheime Sehnsucht und die stärkende und heilende Kraft dieses Landes und Volkes — der Orden als die Heimat geprägter Männer, die man haßt, weil man sie nicht versteht und kennt in ihrer freien Gebundenheit oder weil man sie fürchtet als Vorwurf und Frage in der eigenen anmaßenden, pathetischen Unfreiheit.

Und so will ich zum Schluß tun, was ich so oft tat mit meinen gefesselten Händen und was ich tun werde, immer lieber und mehr, solange ich noch atmen darf: segnen. Segnen Land und Volk, segnen dieses liebe deutsche Reich in seiner Not und inneren Qual; segnen die Kirche, daß die Quellen in ihr wieder reiner und heller fließen; segnen den Orden, daß er echt und geprägt und frei sich selbst treu bleibt durch die selbstlose Treue an alles Echte und an alle Sendung; segnen die Menschen, die mir geglaubt und vertraut haben; segnen die Menschen, denen ich Unrecht tat; segnen alle, die mir gut waren, oft zu gut.

Behüt Euch Gott. Helft meinen alten Eltern über die schweren Tage hinweg und behaltet sie auch sonst etwas in Eurer Sorge. Allen des Herrgotts gnädigen Schutz.

Ich aber will hier ehrlich warten auf des Herrgotts Fügung und Führung. Ich werde auf ihn vertrauen, bis ich abgeholt werde. Und ich werde mich bemühen, daß mich auch diese Lösung und Losung nicht klein und verzagt findet.

71

An M.   12. Januar 1945

12. 1.

So also ist es einem zu Mute, wenn man zum Tode
verurteilt ist. Jetzt sitze ich da und warte, bis ich abgeholt
werde. Ich hatte ernstlich schon gestern Abend mit der
Vollstreckung gerechnet, bald nach der Urteilsverkündi-
gung, wie es bisher üblich war. Es ist also noch einmal
eindeutig festgestellt worden, daß ich mit dem 20. 7. nichts
zu tun habe. Verurteilt bin ich »sachlich«: als der älteste
und treueste Mitarbeiter des Grafen Moltke (ein großer
Witz): wegen der paar Besprechungen über eine mögliche
Feindabwehr und Erhaltung der Reichseinheit im Falle
einer Feindinvasion auf Reichsgebiet. Dies und daß bei den
Besprechungen kein NS-Mann dabei war. — Praktisch war
ich verloren als Jesuit und Mann der Kirche. Eine solche
Atmosphäre der Verachtung und Feindschaft habe ich nur
noch während der Vernehmungswochen erlebt. — Gut,
daß Reisert [214] und Gerstenmaier davonkommen. Auch
Fugger ist sehr gut weggekommen. Sperr werden wohl
einige Beziehungen retten. Für Moltke und mich gibt es da
keinen Ausweg mehr. Wir sind umzingelt von Vernich-
tungswillen. Wenn nicht der Herrgott im letzten Moment
sein Wunder noch tut, sind wir bald im Vaterhaus. — Es
war das gleiche persönliche Erlebnis: alles, was wir zu
unserer Verteidigung vorbereitet hatten, ist uns zur Bela-
stung und zum Unheil geworden. Aber wir beide hätten
sagen können, was wir gewollt hätten, es hätte uns nichts
genützt. — Dem Herrgott gegenüber bin ich etwas in Verle-
genheit. Soll ich weiter hoffen? Waren die ganzen Zeichen
und Erhörungen Selbsttäuschung, Phantastik, sublimierter
Lebenswille oder echt? Soll ich einfach in der Freiheit

---

[214] Gerstenmaier erhielt eine Strafe von sieben Jahren Zuchthaus,
Reisert von fünf Jahren Zuchthaus, Fugger von drei Jahren Gefängnis.

stehen bleiben? Oder soll ich mich eindeutig auf den Gal-
gen einstellen? Das fiel mir gestern leichter als heute. Man
gewöhnt sich so leicht wieder ans Dasein und mummelt
sich wieder ein. Das Ausreißen tut stündlich weh. Aber es
muß jetzt sein. —

72.

An Luise Oestreicher   Nach dem 11. Januar 1945

LL., herzlichen Dank für den Weihnachtsbrief. [...] Ich
sitze auf meiner Klippe, absolut auf Gott und seine Freiheit
gestellt. Und ich verlaß mich auf ihn. Am 11. hab ich
Abschied genommen. Nach der bisherigen Gewohnheit
mußten wir am 11. abends tot sein. Jetzt sitzen wir da und
warten. Wenn wir vor Weihnachten verhandelt worden
wären, wäre es den alten Weg gegangen. Durch die Art des
Prozesses hat mein Leben ein Thema bekommen, für das
sich leben und sterben läßt. Ob ich nun dann hier für diese
4 Wirklichkeiten, für die ich gestellt wurde, sterbe, ob
dies alles nur Zubereitung für eine Sendung für diese 4
Wirklichkeiten ist, das ist dann beinahe gleich. Fallen, weil
man an Deutschland glaubt über die mögliche und brau-
sende Nacht hinaus, weil man an die Kirche glaubt als eine
leitende Kraft für dieses Volk, weil man zu diesem Orden
gehört und weil man aus der Not, Eigenart des Volkes und
der Botschaft der Kirche eine iustitia socialis wachsen sah
und ihr dienen wollte: wer fällt heute von den vielen für
so viel? Und weiß dies? Diese 4 Dinge werden mir vorge-
worfen, wegen ihrer bin ich verurteilt. Und wenn es Sen-
dung und Bereitung ist, dann ist das Thema ja auch gestellt.
Seit dem 11. ist die Welt anders. [...] Es ist auf keinen Fall
und in keiner Weise eine Welt der Idylle, ob ich nun nach
Plötzensee fahre oder wieder einmal nach München
komme. Ich verlaß mich auf Dich. Dank und Gruß und
Liebe und Segen

Georg

(Laß Dir von meiner Mutter keine »Heiligenlegenden« über mich erzählen. Ich war ein Strick.)

Das »Vater Unser« [215] wirst Du erhalten haben. Ich hab angefangen, Dir ein paar Gedanken zum Pfingstgebet aufzuschreiben. Und die Litanei [216] möchte ich fertig machen. Hoffentlich find ich ein paar Worte für Dich und die Freunde. — Übrigens kann das Wunder immer noch geschehen. Wenn ich die eigenartige Führung bisher betrachte, ist eines klar: der Herrgott hat diese Sache absolut in seine Hand genommen. Vielleicht wollte er dieses unausweichbare Ihm-ausgeliefert-sein einmal durchgestanden wissen. Behüt Dich Gott. Der Mann mit dem Eisen kommt. G.

Es geht auch mit dem Eisen. Ich will Dir nur noch einen ordentlichen Gruß schreiben. Zugleich mit dem Zettel gehen einige Blätter mit der Litanei und mehrere Seiten Pfingstgebet weg. Ich hoffe, sie machen Dir Freude. Mußt halt buchstabieren, da das Meiste im Eisen geschrieben ist. Behüt Dich Gott. Auf Wiedersehen

Georg

Am nächsten Tag: [...] Zeige Tatt(enbach) den Brief von Helmuth, den ich Dir zum Aufbewahren geschickt habe. Ich habe ihm geschrieben, er möge Dich darum fragen. [217] Du, die Pfingstsequenz habe ich eigens für Dich und Tatt(enbach) geschrieben, für die beiden Menschen, die für mich so viel Mühe und Last tragen. Ich schick Dir oft meinen gefesselten Segen, den doch niemand anbinden kann. [...]

Grüß die Freunde. Wie geht es Annemarie [218] und Emmi [219]. Gute Wünsche. Sag auch der sommerlichen Mit-

---

[215] Gesammelte Schriften IV, 225 ff.
[216] Vgl. Pfingstsequenz, ebd. 268 f., Litanei, ebd. 242 f.
[217] Vermutlich der Brief: Gesammelte Schriften IV, 435 – 437.
[218] Vgl. Anm. 16.
[219] Emmi Piekarczyk, geb. Hamburger (geb. 1914), mit Delp in der Aktion für verfolgte Juden engagiert.

partnerin aus der Prinzregentenstr(asse) [220] einen herzlichen Gruß. Und Chrysolia [221]. Ich danke für Ihre Grüße,
die angekommen sind. Und ihr Gebet. Und laß weiter
darum bitten, solang ich noch schnauf. Und nachher erst
recht. Auf Wiedersehen

Georg

73.

An A.   Nach dem 11. Januar 1945

Lieber Freund [222], ich darf Sie doch so nennen? Hier vor
der Schwelle zeigen sich die Dinge und Beziehungen einer
Sache noch unverhüllter und nur das wirklich Vorhandene
und Gültige wagt es überhaupt, sich zu zeigen. So schwankend und unsicher der Boden ist, auf den wir jetzt gestellt
sind, so hell und unbestechlich ist bei dieser Wanderung
über die äußerste menschliche Ungeborgenheit das Auge
und der Geschmack geworden. Wir rühren nichts mehr an,
was nicht wert ist, angerührt zu werden. [...] Wenn ich
unseren Gesprächen von dieser absoluten Höhe aus noch
ein Thema hinzufügen dürfte, so möchte ich die Unbestechlichkeit nennen. Unsere eigentlichen Torheiten stammen
aus der Bestechlichkeit. Wir sind bestochen von uns selbst.
Glauben Sie mir, ich habe in diesen harten Wochen viele
Demaskierungen meiner selbst erlebt. Wenn Gott mich
jetzt heimruft, es ist wenig genug, was ich mitbringe, aber
es ist jetzt ehrlich und vorbehaltlos und geläutert von den
schönen Lügen, mit denen wir uns das Leben erleichterten
und verschönten. Das Fasten und Wachestehen unter dem
Befehl des Letzten und Christi ist das Einzige, was am Ende
bleibt. Was hat mir all mein Lebenswille und alle Sucht
nach einem eigenen »Lebensraum« gegolten und geholfen
in den Kellerstunden der Schmerzen und Qual, in den

[220] Vgl. Anm. 78.
[221] Vgl. S. 19, 20, 24–25.
[222] Der Brief war an einen Freund gerichtet, der in großen Eheproblemen stand.

Anrufen der traurigsten Einsamkeit, in der Weihestunde meines Lebens, da es hieß: zum Tode verurteilt und für immer ehrlos? Freund, es war nicht viel, was ich da noch hatte, und das meiste von dem, was noch galt, hatte ich mir mühsam abgerungen und abgebettelt, die Stunden, in denen ich Nein zu mir selbst gesagt habe — es waren zu wenige leider —, haben die Kraft gerufen, die in der Stunde, da die Macht und Gewalt Nein zu mir sagten und mir die Existenz absprachen, mich trug und mich durch ein heiliges Ja von innen her bestätigte. — Ach ja, so bleibt an der Schwelle viel Bedauern, viel Dank, viel Mißlungenes und viel Ungetanes. Es bleiben viele Menschen, denen ich Schuldner blieb. Aber es bleibt fast kein Mensch, dem ich Unrecht tat und das ist ein großes Glück hier oben in freier Nähe und in der Nachbarschaft der letzten Dinge. — Dank und Vergelt's Gott für alle Mühe und Hilfe und unerschütterliche Bereitschaft. Grüßen Sie Frau ⟨...⟩ und die Kinder. Sie alle zusammen behüte der Herrgott diese letzten Sturmwochen hindurch. Dank und Auf Wiedersehen

»Lotterer«

74.

An Marianne Hapig/
Marianne Pünder   Nach dem 11. Januar 1945

Ihr guten Leute [223], bitte, keine Sorgen machen. Ich mach Gott weder Vorwürfe noch Vorbehalte. Der Prozeß hat durch die Art der Führung und die eindeutige Absicht gegen Kirche und Orden ein sauberes Thema bekommen. Ich habe schwer an mich halten müssen, um nicht loszulegen bei diesen wüsten Beschimpfungen. Es ist nur schade, daß der Prozeß »geheime Reichssache« ist. — Gegen diese Atmosphäre, die ganz von der Gestapo inspiriert war, sind Versuche und Gesuche hier in Berlin ziemlich aussichtslos.

[223] Auf der Rückseite: Eilt sehr!

Das Einzige, was noch Aussicht hätte, wäre, wenn es gelänge über die Münchener Verbindungen an Himmler heranzukommen und ihm die Moltke-Überlegungen darzulegen. Günstig ist für diesen Fall, daß ich von jeder Beziehung zum 20. 7. freigesprochen bin, entgegen Verhaftungsgrund und Anklage. Für 20. 7.-Fälle tut Himmler nicht viel. — Man müßte diese Möglichkeit sehr schnell an Tatt(enbach) weitergeben. Die Möglichkeiten dort wird er kennen: die »Hitlermutter« [224] (Zugang: Oberst Wurmb [225], Dr. Schmitt [226], P. Koerbling [227]) — Frau Direktor Weidemann [228] (Zugang: Dr. Keßler [229]). — Auch mit Rechtsanwalt Paepcke [230] in den Vereinigten Werkstätten sprechen, der durch das Geschäft seines Vaters viel hohes Parteivolk kennt. Das Grunzen eines SA-Mannes gilt ja mehr als hundert Beweise. Jetzt hätten auch die paar Bogenhauser Parteibeziehungen Wert: Grassl [231], Ortsgruppe über Oberst Müller [232], vielleicht auch Prinzessin Wittgenstein [233] bzw. Schwiegersohn: Zugang: Prell [233a]. Ich sag das alles wegen meiner Mutter. Ihnen Dank und Vergelt's Gott

Max

75.

An Pfarrer Max Blumschein   Nach 11. Januar 1945

Lieber väterlicher Freund, ich darf Sie doch so nennen? Jetzt, da mich die Verhältnisse und auch die Führung und Fügung des Herrgotts an die Schwelle geführt haben, zeigen

[224] Vgl. Anm. 113.   [225] Vgl. Anm. 192.   [226] Vgl. Anm. 193.
[227] Vgl. Anm. 114.   [228] Unbekannt.   [229] Vgl. Anm. 14.
[230] Otto Paepcke (1906—1982), Rechtsanwalt. Mit Delp befreundet; vgl. Kassiber 94.
[231] Grassl, Familie in Bogenhausen ansässig, bei deren Rettung aus dem durch Bomben zerstörten Haus Delp wesentlich beteiligt war.
[232] Vermutlich der Schwiegersohn des »Hitlermutterls«.
[233] Nicht verifiziert.
[233a] Unbekannt.

sich viele Dinge und Beziehungen viel einfacher und klarer im Herrn und als das, was sie sind und waren. Auf jeden Fall möchte ich nicht weggehen, ohne Ihnen ein Wort des Dankes zu sagen für so viel Güte, Geduld und Mühe. Die Bogenhauser Zeit war für mich eine gute Lehrzeit und eine harte Gesellenzeit. Die Meisterprüfung konnte ich dort nicht mehr machen, die muß ich hier erwerben. Gern und oft denke ich an die gemeinsamen schönen und die gemeinsamen schweren Zeiten zurück. Gern und oft wandern die Gebete und wandert der Segen der gebundenen Hände dorthin zurück. Der Herrgott möge für mich danken und der Herrgott möge das ausgleichen, was ich töricht gemacht habe und schuldig bleiben mußte. Ihnen, Ihren lieben Menschen und Ihrem Volk Gottes immer des Herrgottes Segen und Gnade. Vergelts Gott und auf Wiedersehen

»Georg«

76.

An Maria Delp   14. 1. 1945

Liebe Mutter, einen herzlichen Sonntagsgruß. Nun bin ich immer noch am Leben, obwohl normalerweise am Donnerstag mein letzter Tag hätte sein müssen. Wieviele Tage oder Stunden oder Wochen der Herrgott noch gibt, weiß ich nicht. Mutter, wir wollen ihm nicht böse sein. Den Brief vom Donnerstag wirst Du erhalten haben.

Bleib tapfer und standhaft, Mutter. Mir geht es bis jetzt sehr gut. Ich habe keine Angst und eine große Ruhe. — Gott kann sein Wunder immer noch tun. Das ist das eine: weiter beten und vertrauen. Gott darf man nichts versagen. Das ist das andere: bereit sein für alles, was er fügt und schickt. Als guter Same ins Erdreich fallen. Und als Segen für Euch alle heimgehen. — Grüße alle herzlich. Dir vielen treuen Dank für Deine Liebe und Güte. Verzeih die Sorge, die ich Dir bereitet habe.

Auf Wiedersehen

Alfred

77.

An P. Franz von Tattenbach   14. Januar 1945

Lieber Tatt,

es geht immer anders, als man denkt und erwartet. Erstens ist der Prozeß seiner natürlichen Logik treu geblieben und hat die gewünschten Abschlüsse getätigt. Zweitens sind wir nicht, wie bisher üblich, am Tage der Verurteilung gehenkt worden, sondern, unabhängig vom Gnadengesuch, noch da. Denn mein Tags darauf verurteilter Nachbar ist ohne Gnadengesuch auch noch da. Ebenso scheinen wir die ersten zu sein, die zum Prozeß nicht zur Gestapo kamen. Wenn wir vor Weihnachten verhandelt worden wären, wäre dies alles anders geworden.

Wie es nun weitergeht? Natürlicherweise nach Plötzensee. Das sind von hier aus 10 min(uten) Fahrt. Eine Viertelstunde vor der Exekution wird man geholt. Innerlich bin ich mir nicht ganz klar. Siehe die Blätter »Nach der Verurteilung« [234]. Daß der gegenwärtige Zustand zu meinem Leben gehört, weiß ich und habe ich irgendwie gewußt. Es gibt eine Art inneres Gespür für die Dinge. Ob die Fahrt nach Plötzensee [235] dazu gehört, weiß ich noch nicht. Am Donnerstag habe ich mich vollständig auf Plötzensee eingestellt, weil nach dem Brauch nichts anderes zu erwarten war. Daß ich nicht verurteilt wurde, war nach der Atmosphäre ganz unmöglich. Zumal bei diesem Kerl, der nicht gescheit, sondern gerissen und eitel und theatra-

---

[234] Vgl. S. 104 – 112.
[235] In Berlin-Plötzensee war die Hinrichtungsstätte.

108

lisch ist. Trotzdem habe ich in der Frühe dem Wachtmeister hier, der richtig heulte, gesagt: Seien Sie ruhig, wir sterben heute noch nicht.

Aber in der Freiheit des Herrgott stehen bleiben: Stunde, Tage oder Wochen, wie er mag. Hier sind 2 vom 20. 7., die schon die 14 Wochen seit ihrer Verurteilung warten. — Betreut jemand die Gesuche? — Wichtig ist die Lösung vom *20. 7.* Unsere eigene Kalamität wurde als »Feld-, Wald- und Wiesenhochverrat« bezeichnet. Ich glaube, eine Hilfe ist nur möglich von einer Parteiseite her. Wenn sie ganz oben die Atmosphäre etwas bereinigt. Ob der Schmeo (Dr. Schmitt [236]) oder Ihre Tante [237] oder die Oberin von Nymphenburg [238] oder der Zeller von Hammerau [239] (über Schmeo und Alfons [240] zu erreichen) nicht den Christian [241] mobilisieren wollen. — Was hat denn das Moltkesche Familiengesuch für Chancen? Sie können ja nicht gut meinen »Führer« begnadigen und seinen »getreuesten und jüngsten Mitarbeiter« aufhängen. Das heißt, sie können alles. Logik gibt es keine, außer der nach Plötzensee. — Seit heute nacht hoffe und vertraue ich wieder positiver. Ich habe es nicht aufgegeben, aber zunächst kam ich mir etwas verbittert und blaß vor. Tatt, so aussichtslos die Lage ist und so sehr der Herrgott weiß, daß ich ihm nichts verweigere, sondern mir weitere Mühe gebe, als fruchtbarer und gehaltvoller Same in die Scholle zu fallen: ich glaube noch nicht an den Galgen. Vielleicht ist es nur eine »Erziehungsbeihilfe« des Herrgottes, um über die Situation hinwegzuhelfen. Bei der Verurteilung habe ich mich wehren müssen gegen ein lautes Lachen, so

[236] Vgl. Anm. 193.
[237] Ungeklärt.
[238] Gabriele von Tattenbach (1870—1954), Generaloberin des Dritten Ordens der Krankenfürsorge/München.
[239] Alfred Zeller (1885—1945), Wehrwirtschaftsführer; Besitzer einer Fabrik für Panzerketten.
[240] Nicht verifiziert.
[241] Christian Weber (1883—1945), Generalmajor der Waffen-SS und Kreistagspräsident in München.

ein Theater war das. Irgendwie war ich unbeteiligt, obgleich ich doch bis nach der »Verurteilung« meinte, es ginge gleich dahin. — Die Gestapo hat rasch zwischendurch, als sie meinte, ich sei weich und zerbrochen, nach R(ösch) und K(önig) gefragt. Das hat mich bestärkt in der Auffassung, wir würden, wie die vor uns, gleich vollstreckt. Ich habe bei der Gestapo an R(ösch) einen schönen Gruß angeschafft. Der hat einigermaßen gestaunt über meine »Zerbrochenheit«. Die Stunde der Kreatur wird auch noch schlagen, ich weiß es schon. — Reisert ging ja gut, wie ich immer sagte. [...]

Eigentlich müssen wir, wo wir können, etwas tun für Mo(ltke). Er ist durch den Umgang mit uns so belastet und deswegen so häßlich behandelt worden. Kann man nicht noch einmal weit oben die Mo(ltke)-Pläne zur Sprache bringen? Zumal ich nun an diesen hänge? Ich lege eine Skizze der Pläne [242] und ihrer Entartung in der Anklage bei. —

Nun herzlichen Dank und Gottes Segen. Machen Sie besser, was mir nicht gelang und nicht gegeben war. Adoro et Suscipe habe ich an Epiphanie geschrieben. So gilt es auch weiter. Das hält durch, auch über Plötzensee hinaus. Grüßen Sie Ihre Leute

Ihr dankbarer Georg

Daß ich von den Leuten begnadigt werde, glaube ich nicht. Der Haß gegen die Jesuiten ist so groß. Aber vielleicht geschieht gerade da das Wunder. Vielleicht ist auch der Sinn aller Unterbrechungen nur dies: Zeit zu gewinnen. Vielleicht will Gott die Auslastung des Vertrauens bis zum letzten Punkt. Mir soll es auch recht sein. Das Leben hat auf jeden Fall ein Thema bekommen. Und die Beschützung vor der Angst ist ein Wunder für sich.

---

[242] Vgl. S. 357 ff.

78

An Luise Oestreicher   14. Januar 1945

Liebe Luise, wie es gegangen ist, weißt Du inzwischen.
Meinen Brief vom Donnerstag, den ich für den letzten Tag
meines Lebens halten mußte nach den bisherigen Gepflo-
genheiten, hast Du inzwischen erhalten. Wie lange ich nun
hier warte, ob und wann ich getötet werde, weiß ich nicht.
Der Weg von hier bis zum Galgen nach Plötzensee ist nur
10 min. Fahrt. Man erfährt es erst kurz vorher, daß man
heute und zwar gleich »dran« ist.

Nicht traurig sein, gelt. Gott hilft mir so wunderbar
und spürbar bis jetzt. Ich bin noch gar nicht erschrocken.
Das kommt wohl auch noch. Vielleicht will Gott diesen
Wartezustand als äußerste Erprobung des Vertrauens. Mir
soll es recht sein, ich will mir Mühe geben. Vielleicht will
er das ganze und letzte Opfer. Mir soll es recht sein. Ich
will mir Mühe geben, als fruchtbarer Same in die Scholle
zu fallen für Euch alle und für dies Land und Volk, dem
ich dienen und helfen wollte (Mit den Blättern: Nach
der Verurteilung [243] bitte vorsichtig. Nur lesen lassen
Laplace [244], Ernst Ism(aninger) [245], Georg Weßling [246] etc.,
nicht vervielfältigen, abschreiben etc.).

Die Stimmung gegen mich kann nur von d(er) Parteiseite
besser gemacht werden. Die verschiedenen Münchner Be-
ziehungen dieser Art müßten einmal überlegt werden. Auch
Schmeo müßte da eine Menge tun können. Grassl [247] durch
einen Brief an Hitler? Besprich Dich mal mit P. Tatt(en-
bach) und Laplace etc.

Hilf meiner Mutter, gelt. [...] Daß dieser Zustand zu
meinem Leben gehört, hab ich gewußt. Ob die letzte Voll-

[243] Vgl. S. 104 – 112.
[244] Vgl. Anm. 13.
[245] Vgl. Anm. 14.
[246] Vgl. Anm. 12.
[247] Vgl. Anm. 231.

endung am Galgen, weiß ich noch nicht, obwohl ich keinen
Ausweg mehr sehe. — Grüße die Freunde, Secchi [248], Deine
Leute. Dir alles Liebe und Gute, mehr denn je. Ein ungeheu-
rer Raum der Freiheit hat sich aufgetan. Ich bete und
vertraue weiter, bis zur letzten Fahrt. Du hilfst mir, ich
weiß es. Auf Wiedersehen

Georg

79.

An Marianne Hapig/Marianne Pünder   14. Januar 1945

Ihr guten Leute, einen herzlichen Sonntagsgruß! Norma-
lerweise müßte ich heute schon von Jenseits der Grenzen
unseres Daseins grüßen. Es geht alles so eigenartig. Was
wir unternehmen, um zu helfen, wird zum Unheil. Wo wir
mit dem Unheil rechnen und uns fest auf seine Verwirkli-
chung einstellen, da bleibt es plötzlich aus. Wir sind, glaube
ich, die ersten, die zur Verhandlung nicht in die Prinz-
Albrecht-Straße kamen, sondern hier blieben. Und wir sind
scheinbar auch die ersten, für die die Gewohnheit, am Tage
der Verurteilung gleich hinzurichten, nicht mehr galt. Diese
Gewohnheit scheint jetzt allgemein wieder aufgegeben zu
sein, da auch mein anderer Zellennachbar, der tags darauf
verurteilt wurde, zurückkam, obwohl noch kein Gnaden-
gesuch abgegeben wurde. —
Meiner eigenen Entscheidung traue ich nicht mehr
recht. Immer, wenn bisher ein Vorschlag von Ihnen kam,
war er richtiger als meine betr(effende) Meinung. Ich habe
deswegen das von Ihnen vorgeschlagene Gesuch geschrie-
ben und gestern abgeben lassen. Ich habe mir zwar Mühe
gegeben, aber ob es jemand lesen kann oder liest, weiß ich
nicht. [249]

[248] Vgl. Anm. 75.
[249] Vgl. Gesammelte Schriften IV, 361f.

Ich glaube, natürlich kann hier nur jemand von Partei-
seite etwas machen. Gut ist, daß ich vom 20. 7. gelöst bin.
Unsere eigene Sache wurde als »Feld-, Wald- und Wiesen-
Hochverrat« bezeichnet. Eine kurze Skizze der Moltke-
Besprechungen [250], um die es jetzt geht, lege ich bei, damit
draußen jemand Bescheid weiß. Aber Vorsicht. —

Wie lange ich nun hier sitze und auf die Fahrt nach
Plötzensee warte, weiß ich nicht. Ob das Tage oder Wo-
chen geht. Hier sitzen zwei vom 20. 7. schon die 14. Woche
seit ihrer Verurteilung. Daß das jetzige Stadium zu meinem
Leben gehört, weiß ich. Ob Plötzensee dazu gehört, weiß
ich noch nicht. Natürlicherweise sehe ich keinen Ausweg.
Aber ich glaube, den inneren Anstoß bekommen zu haben,
weiter hoffen und weiter beten zu sollen. An der Freiheit
und Bereitschaft ändert das nichts. Trotz der Wehmut, die
einen manchmal überkommt, herrscht doch ein gewisses
Bewußtsein der Entscheidung und der Freiheit vor. —

Natürlicherweise sehe ich keinen Ausweg. Für einen
Jesuiten haben sie keine Gnade. Vielleicht, daß man, wenn
Moltke begnadigt wird, mich mit durchgehen läßt. Betreut
jemand die Gnadensache?

Die Briefe von neulich jetzt bitte weitergeben. Die Leute
wissen jetzt ja doch Bescheid. Außerdem kann ich ihr Gebet
gut gebrauchen, auch jetzt, bevor ich drüben bin.

Wie geht es dem Bruder P(ünder) [251]? Was sind dafür
unsere Sorgen? Die Messe bleibt, solange ich bleibe.
Grüßen Sie die Bekannten. Ihnen Dank und des Herrgotts
mächtigen Schutz. Übrigens, von den Mariannen komme
ich nicht los. Hier die zwei Getreuen und Guten, und wenn
ich hinüber komme, wartet die andere, und überhaupt
erfahre ich in diesen Tagen viel Güte Gottes.

Ihr ergebener Max

[250] Vgl. Gesammelte Schriften IV, 357 ff.
[251] Vgl. Anm. 142.

P.S.

Mit den Blättern nach der Verurteilung bitte Vorsicht! Wenn es noch langt: bitte einen Schuhriemen, der angekündigte kam noch nicht an. Ob ich ihn noch brauche, weiß ich nicht, aber wenn ich ihn brauche, wäre ich dankbar.

Ebenso bitte ich noch um ein paar Briefumschläge unter den gleichen Bedingungen und Voraussetzungen.

Und dann bitte nicht traurig sein. Ich geb mir schon Mühe, als fruchtbarer und gehaltvoller Same in die Scholle zu fallen. Ich habe mich sehr gefreut, die beiden wieder zu sehen und mit ihnen wieder einmal zu plaudern. Geben wir auch das in die Freiheit Gottes.

In dem weißen Umschlag für Luise (Anschrift an mich von Urbi) befindet sich die letzte Nachricht von Urbi [252]. Dieser erste Satz [253] war das einzige Wort dieser Art, das dieses herbe Herz sich entschlüpfen ließ und das noch in fremder Sprache und nach dem Tode. Wenn ich heimgehe, freu ich mich schon auf das Wiedersehn mit Urbi. Dann braucht sie nicht mehr englisch zu reden.

80.

An Marianne Hapig/Marianne Pünder   16. Januar 1945

Danke [254].

Werde Ihnen folgen.
Bitte Adresse besorgen für Gesuch an RFSS [255].
Gesuch an ORAW [256] ist weg.
Bei Pölchingen [257] nach Post fragen.

[252] Der Brief ist nicht mehr auffindbar.
[253] Die Anrede im Brief lautete: Dear father.
[254] Bestellzettel.
[255] Reichsführer der SS.
[256] Oberreichsanwalt. Ob dieses Gnadengesuch mit dem identisch ist, das als Entwurf vorliegt, konnte nicht nachgeprüft werden.
[257] Vgl. Anm. 43.

An Greta Kern.   16. Januar 1945

Liebe Greta,

Dank daß Du da warst. Sei mir nicht böse, daß ich es kurz gemacht habe. Ich freue mich, daß Du so mutig bist. Und daß Du noch hoffst. Auch ich hoffe noch. Entweder will Gott mein Leben oder er will mich zu etwas Richtigem erziehen. In beiden Fällen dürfen wir nicht *nein*sagen. Und wer nicht sterben kann, hat nicht richtig gelebt. Der Tod ist nicht ein Überfall, eine fremde Gewalt, sondern das letzte Stück dieses Lebens. Die beiden gehören zusammen.

Beten und hoffen wir weiter, wie der Herrgott es fügt, gelt. [...] Behüt Dich Gott auf Wiedersehn

Alfred

82.

An Luise Oestreicher   16. Januar 1945

Liebe Luise, nun leb ich also immer noch und schreib immer noch Briefe. Ich spür so sehr Deine Hilfe und ich weiß noch gar nicht, ob das das Ende ist oder ob Gott nur dies Vertrauen bis zur Zerreißprobe auslasten will. Ich geb mir Mühe, jedwedem gewachsen zu sein. — Vorhin war Greta da. Sie ist tapfer, aber ich hab es doch kurz gemacht. Hilf meinen Leuten weiterhin [...]. — Die Welt ist in dieser Woche der letzten Bereitschaft ganz anders geworden. Auch wenn ich wiederkommen sollte, dieser 11. Januar hat die Dinge sehr verändert. Ich hab mittags kurz vor der Abfahrt Messe gelesen. Daß Moltke und ich verurteilt würden, war vom ersten Wort an klar. Nach bisherigem Brauch waren die Hinrichtungen etwa 1 Stunde nach dem Urteil. Darauf waren wir eingestellt und erfuhren erst beim Abfahren, daß wir wieder hierher führen. Und da sitzen wir jetzt immer noch auf dieser absoluten Höhe und warten. Ich warte und verlaß mich auf das Gebet und die Hilfe meiner Freunde, zuvörderst Deiner. Du bist auch in dem geblieben, was nach dem 11. Jan(uar) noch gilt. Hab Dank für alles. — Das »Vater Unser« [258] ist mit der Fessel geschrieben (das meiste) und halt noch unleserlicher als sonst. Der Prozeß war so eindeutig, daß wir für Leben und für Sterben ein Thema haben. [...] Behüt Dich Gott. [...] Ich grüße Dich und danke Dir. Hilf beten, gelt?

Georg

83.

An Luise Oestreicher   18. Januar 1945

L. L., noch einen guten Gruß. Und ich wollte Dir noch sagen, tu Dich mit Greta [259] zusammen. Ihr werdet Euch gut verstehen und einander gut helfen. —

Mir geht es gut. So ins Dunkel hat mich der Herrgott noch nie gestellt. Aber ich will stehen bleiben. Entweder er will das Opfer oder er will das Vertrauen bis zur Zerreißprobe. Ich wills versuchen. Entweder er sät mich als Samen oder er richtet mich zu einem großen Werk. Die gewöhnlichen Maße gelten seit dem 11. nicht mehr. Du aber hilfst mir beten und stehen bleiben, gelt. Ich habe trotz allem ein gutes Gefühl, das nicht aus mir stammt. Wenn ich bedenke, wie er mich die drei Tage vom 9.—11. getragen hat. Und wie ich vor einigen Wochen, als mir zum ersten Mal einfiel, das könnte mein Schicksal sein, verurteilt zu werden und warten zu müssen, wie ich damals Angst hatte vor dieser Möglichkeit und wie er mich jetzt hält und führt. Dir Dank für alles [...]. Ich habe viel Sorge in Dein Leben gebracht, möge es segnende und weihende Sorge sein. Grüße alle. Dir einen guten Segen und einen herzlichen Gruß

Georg

[258] Vgl. Gesammelte Schriften IV, 225 f.
[259] Vgl. Anm. 83; ebenso Kassiber 81.

18. 1.

An P. Franz von Tattenbach   18. Januar 1945

Lieber Tatt, nun bin ich immer noch lebendig. Vor einer
Woche habe ich mich auf den guten Abschied vorbereitet
und mit ihm gerechnet. Es ist alles so eigenartig. Wir sind
mit die Ersten, die nicht gleich nachher vollstreckt wurden.
— Es war eine große Freude, Dich da drinnen zu sehen. [260]
Die Atmosphäre dort war bös. Das Theater so eindeutig
gegen Kirche und Christentum, so daß ab hier durch diese
2 Tage unser Leben ein Thema bekommen hat, für das es
sich lohnt, zu leben und zu sterben. Und das Ganze war
ein letzter Durchbruch durch alle bisher gewohnten Maße
und Ordnungen, die doch in den letzten Wochen schon
allerlei Ausweitungen erfahren hatten. Du hast recht,
Freund, auch wenn ich wiederkäme, die Welt ist seit jenem
11. Januar anders. So wie es vorher war, wird es nie mehr
sein. — Eine innere Kraft läßt mich immer wieder hoffen
und Zuversicht haben. Ich will damit gewiß nicht dieses
hier auf Abruf sitzen verharmlosen und wegkrampfen. Die
Zeit der Krämpfe ist überhaupt vorbei (Die in Plötzensee
sind, wenn es so weit ist, nur physiologisch und zählen
nicht). Ich lebe in einer großen Ruhe und Freiheit, bete,
habe gestern und heute ein paar Gedanken zum Vater unser
geschrieben, wieder fast alles mit der Fessel, also noch
schlechter als sonst. — Die Sache mit den Gesuchen. Da
macht, was ihr wollt. Vielleicht ist das die letzte heilsame
Demütigung, das Leben von da an als Gnade annehmen zu
müssen. Vielleicht hat das Ganze den Sinn des Wartens
und kommt inzwischen doch tempus acceptabile. Deus scit.
Ich setze meine Existenz absolut auf ihn. Der ganze Prozeß
kam mir eigentlich für Mo(ltke) und mich weit mehr wie
ein Auftrag als wie ein Ende vor. Und die Lösung vom

---

[260] Delp hatte P. von Tattenbach am 9. Januar 1945 auf dem Weg in
den Gerichtssaal im Vorzimmer flüchtig gesehen.

20. 7. ist ja auch ein Ergebnis, das vielleicht seinen Sinn hat. — Hab Dank für Deine guten Worte. Hat der Herrgott doch die zentralsten Instanzen des 3. R. [261] bemüht, um aus mir innerlich was zu machen. Grüß die Mitbrüder und Deine Leute. Behüt Dich Gott

Bullus

85.

An Marianne Hapig/Marianne Pünder   18. Januar 1945

Ihr guten Leute, nun schreibe ich also immer noch Briefe und mache Ihnen immer noch Sorgen und Mühen. Das war vor einer Woche nicht zu erwarten, da bisher die Hinrichtung etwa 1 Stunde nach Urteilsspruch stattfand. Wir wußten am Donnerstag [262] zunächst auch nicht, wo wir hingefahren wurden. Es ist alles so eigenartig. Wir sind die ersten, die nicht wegkamen zur Verhandlung in die Prinz-Albrecht-Straße, obwohl es vorgesehen war. Unsere Anklagen waren dorthin addressiert. Daß wir nun mal wiederkamen und noch einmal auf Wartezeit gesetzt sind. Ob dem Herrgott das lange bewußt gebrachte Opfer reicht, oder ob er das Vertrauen bis zur Zerreißprobe prüfen will? Was sie mit der Atmosphäre vom 11. 1. [263] meinen, weiß ich nicht. Daß wir bereit sind zum Sterben, ist doch das mindeste, was man von uns erwarten darf. Eine extra Sehnsucht danach hat, glaube ich, keiner. Der gute Wachtmeister liegt krank zu Hause. Haben Sie nicht ein »Trösterl« für ihn?

Das Gesuch an den Oberreichsanwalt habe ich befehls- und wunschgemäß geschrieben und abgehen lassen. Das an Heinrich Himmler habe ich auch geschrieben. Bitte

[261] Die Instanzen des Dritten Reiches.
[262] Vgl. S. 120 f.
[263] Eine Bemerkung auf dem Bestellzettel wurde von Delp nicht verstanden.

118

überlegen, ob ich es abgeben soll? Es muß auch beim ORA [264] abgegeben werden. Es kann den Vorteil haben, daß sie hier mit ihrer Entscheidung warten, bis von dort etwas kommt und also Zeit gewonnen wird. (Im Zeitgewinn sehe ich den einzigen Wert dieser Gesuche, nur begnadigen werden sie mich nicht.) Der Prozeß war so eindeutig und antikirchlich und antichristlich. Aber vielleicht schafft es die Zeit oder eben zur größeren Demut die Gnade noch da, wo man sie nicht erwartet. Es kann den *Nachteil* haben, daß die Atmosphäre bei Himmler von hier aus verdorben wird. Ich bitte Sie bald um Ihre Meinung. — Alles Gute und vergelt es Gott. Der Donnerstag war trotz allem schön. Das letzte hier war die Messe. Seitdem stecke ich in einer großen Freiheit. Es mag nun gehen, wie es will. Die Welt ist an dem Tag anders geworden. Herzlich und dankbar

Max

Der gute Wachtm(eister) liegt krank zu Hause. Habt's nicht ein »Trösterl« (Wort von Urbi) für ihn? Bitte etwas Papier, möchte Litanei noch fertig machen.

86.

An Marianne Hapig/Marianne Pünder   19. Januar 1945

Dank [265] für alles. Weiter hoffen und beten. Ich habe neulich eine gute Nacht bei Gott gehabt, und meine, ich müßte weiter vertrauen.

Behüt Gott
Dp

87.

An Familie Kreuser   Etwa 20. Januar 1945

Liebe Freunde, mit der Fessel ist so schwer schreiben. Also noch unleserlicher als sonst. Dank für alle Güte und Hilfe.

[264] Vgl. Anm. 256.
[265] Bestellzettel.

Wie es nun weitergeht, weiß nur der Herrgott. Eigentlich sollten wir schon eine Woche tot sein. Erst kurz vor der Abfahrt des Autos nach dem Urteil erfuhren wir, daß wir nicht nach Plötzensee, wo der Galgen steht, führen, sondern wieder nach Tegel. Ob Gott nun das Opfer will oder das Vertrauen bis zur Zerreißprobe, weiß ich nicht. Ich verlaß mich auf ihn. Möglichkeiten für Wunder gibt es noch genug. [...] Dank und Gottes Segen für alle Güte. Aus dem Prozeß und durch ihn hat das Leben ein Thema bekommen, für das sich leben und sterben läßt. Ich habe einige Notizen herausgegeben. Bitte weiterbeten. Dank für alles. Die Kinder sollen gut und echt werden. Ich vergesse sie nicht. Grüße an alle, auch nach Wolferkam. Auf Wiedersehn

A.

88.

An Marianne Hapig/Marianne Pünder   21. Januar 1945

Ihr guten Leute, herzlichen Dank für viele Mühe und Sorge um mich. Ich sitze nun auf dem Punkt der absoluten Preisgegebenheit und warte auf den Herrgott. Mir sind jetzt endgültig alle Karten aus der Hand genommen. Vor der Verhandlung meinten wir immer noch, selbst etwas ausrichten zu können. Jetzt hänge ich in der vollen Freiheit des Herrgotts. Ein Wunder kann er immer noch tun. Am kleingewordenen Vertrauen soll es nicht scheitern. — Nun hatte ich die Hoffnung, Tatt(enbach) bald zu sehen, schon aufgegeben, wegen der neuen Reisebestimmungen, aber schon war er da[266]. Er ist die Treue selbst und so müde sah er aus. — Das neue Unheil[267], das er mitteilte, wird

---

[266] P. von Tattenbach reiste »im Auftrag« eines großen Münchner Industriebetriebs. Allein deshalb konnte er die nötige Reiseerlaubnis erhalten.

[267] P. Rösch war am 11. Januar 1945 von der Gestapo entdeckt und verhaftet und über Dachau nach Berlin gebracht worden. Im Reichssicherheitshauptamt sah ihn zufällig P. von Tattenbach.

auch seinen Sinn haben. Vielleicht ist es das einzige von allen »Unternehmungen«, das uns die nötige Zeit verschafft. — Den Brief an Heinrich[268] gebe ich nun ab, nachdem Tatt(enbach) mir sagte, ich sollte es tun. — Sehen Sie, die »Verschiebungen« der Urbi haben doch ihren Sinn gehabt. Wenn wir am 9. 12. verhandelt worden wären — mit diesem Ergebnis ... Und vielleicht müssen wir das Wunder genau so erreichen. Ich habe nichts dagegen, obwohl es angenehmere Wartezeiten gibt als die Mitte zur Höhe des Galgenberges. Eine Begnadigung halte ich nach der neuen Lage erst recht nicht für wahrscheinlich, obwohl die amtliche Lösung vom 20. 7. schon ein Vorteil und ein Ansatzpunkt ist (Schade, daß N. Gross nicht nur sein ausgedehntes Wissen um den 20. 7., sondern auch seine Zusammenarbeit mit Goe[rdeler] und Kai[ser] zugegeben hat)[269].

Vielleicht soll die Mühe der Gesuche die nötige Wartezeit für die Reife des Opfers oder des Wunders einbringen. Die Pfingstsequenz[270], über die einige Blätter beiliegen, war das Lieblingsgebet der Urbi. Ist wirklich ein Gebet zum Aufatmen. — Wenn es geht, die Sachen bald nach München besorgen. Herzlich alles Gute und Gottes Segen. — Das Lager ist das Ergebnis aller Freisprüche. Besser, ein paar Jahre Gefängnis bekommen, die dauern genau so lang. Beten wir weiter miteinander. Gottes guten Schutz und Segen

Ihr dankbarer Max

Bitte, wenn es geht, einen Schuhriemen. Hat Tatt(enbach) Näheres über die Sache R(ösch) erzählt? Bitte Bescheid, da wir sicher bald konfrontiert werden.

---

[268] Vgl. Anm. 115.
[269] Vgl. Gesammelte Schriften IV, 344f.
[270] Vgl. ebd. 263 ff.

An Marianne Hapig/Marianne Pünder   21. Januar 1945

... Ich bin hier in die äußerste Situation gekommen, in die
Menschen kommen können. Das heißt, alles Menschliche
ist so unheimlich bis zur letzten Konsequenz vorgetrieben.
Ihr helft mir, daß mir der Atem nicht ausgeht? Eine große
Gnade der Freiheit und des weiten Raumes ist mir geboten.
Wenn ich sie nur nicht verfehle oder verkümmern lasse. —
Grüßt die Freunde. Ich danke für ihre Grüße, die angekom-
men sind, und für ihr Gebet. Ich bitte weiter darum, solang
ich noch schnauf. Und nachher erst recht.

Georg

90.

An P. Franz von Tattenbach   21. Januar 1945

Lieber Tatt, Danke für alles. Hoffentlich kommt R(ösch)
auf die Idee, gleich zu kommen, daß Du den Zettel be-
kommst. Wie konnte das mit R(ösch) passieren? Ihr muß-
tet doch mit ständiger Überwachung rechnen. Schade, das
macht alles viel schwieriger, für alle Beteiligten. Und auch
so viel aussichtsloser von der Logik her. Ach, es wird auch
so seinen Sinn haben. Es gibt eine Ebene, d. h. Ebene ist es
keine, sehr viel Raum zum ⟨...⟩ ist da nicht — auf der
einen nichts mehr erschüttern kann (Aber es scheint, daß
niemand kommt, so kann ich den Brief eigentlich auf-
stecken). [...]
   In dem Brief an Heinrich habe ich als Gründe, die mir
innerlich erlaubten, um Gnade zu bitten, folgende
angeführt: Keine Beziehung zum 20.7. — Keinerlei Gewalt-
absichten gegen das Dritte Reich, sondern reine Hilfs-
absichten im Falle, daß ... Die bisherigen Kriegsopfer mei-
ner Familie. Außerdem habe ich versucht, diese Gespräche

in den Gesamtzusammenhang mit meinen Arbeiten zu stellen; dazu die Auskunft positiv im RSHA: man habe mich beobachten lassen, gegen mich sei nichts einzuwenden außer den Mo(ltke)-Sachen. — Ist es irgendwie gelungen, R(ösch) über die gehaltene Linie zu informieren? Das wäre noch wichtig zu wissen im Falle von Konfrontierung. — Nun behüt Gott. Alles Gute und vielen Dank

Bullus

Tatt, die halbe Nacht habe ich Dein übernächtigtes Gesicht vor mir gesehen. Bin ich so viel Schufterei wert? Wer wird es lohnen? [...] Grüße Fix[271], Knigge[272], Max[273] und alle, alles. Wie geht es Joseph von der Blumenstraße?[274] Allen vielen Dank. Und ⟨...⟩ weiterhin viel beten lassen. Gegen die Müdigkeit und Angst und um die letzte Freiheit, und auch um das Wunder.

Die Gedanken zur Pfingstsequenz[275], eines der schönsten Gebete — sie war in Bogenhausen unser Lieblingsgebet — habe ich für Dich und Luise geschrieben. Und für mich. Die Sequenz ist auch hier das Gebet zum Atemholen. Behüt Gott und Vergelts Gott. A.

Übrigens: Die ganze Verhandlung wurde auf Schallplatten aufgenommen. Um die müßt Ihr Euch einmal umschauen. Wenn der Herrgott mich heimruft. Sonst tue ich es schon selbst. Schön und mit klarer Stimme verkündet Freisler bei der Urteilsverkündung als eine meiner Belastungen die Verbreitung der Katholischen Soziallehre, besonders die Lehre von der *iustitia socialis*. Wieder ein Thema auf Opfer und Sendung.

Auf Wiedersehn, Freund.

271 Vgl. Anm. 69.
272 Vgl. Anm. 9.
273 Vgl. Anm. 71.
274 Vgl. Anm. 70.
275 Vgl. Gesammelte Schriften IV, 263 ff.

91.

An P. Theo Hoffmann   21. Januar 1945

Lieber Theo,

wahrscheinlich haben Sie mich ausgelacht, als Sie das Urteil hörten und an meine letzten Zeilen dachten. Und doch bleibe ich dabei! Obwohl ich weiß, daß jede Stunde das Auto kommen und mich holen kann, obwohl ich mich ernsthaft und ehrlich auf diese Stunde rüste, habe ich immer noch die innere Ahnung einer Sendung, die aus all dem werden soll. Durch die Not des Prozesses hat das Leben ja ein gutes Thema bekommen, für das sich sterben und leben läßt. Die Urteilsbegründung bzw. die Verhandlungen stellten folgende vier Belastungen auf (alles andere fiel, keine Beziehung zum 20. Juli etc.!).

I. Glauben an eine deutsche Zukunft nach einer möglichen Niederlage (»mit uns stirbt der letzte Deutsche: NSDAP — deutsches Reich — deutsches Volk sterben gemeinsam« Fr[eisler]).

II. Unvereinbarkeit von NS und Christentum. Deswegen waren unsere Gedanken falsch und gefährlich, weil sie von da ausgingen. (Die Moltke vorgeworfene »Rechristianisierungstendenz« ist ein Anschlag gegen Deutschland.)

III. Der Orden ist eine Gefahr und der Jesuit ein Schuft, wir sind grundsätzlich Feinde Deutschlands.

IV. Die katholische Lehre von der »iustitia socialis« als Grundlage für einen kommenden Sozialismus.

Die Verhandlung ist auf Schallplatte. Man wird sich im geeigneten Moment das merken müssen ⟨...⟩. Wenn ich sterben muß, ich weiß wenigstens warum. Wer weiß das heute von den vielen? Fallen wir alsdann für diese vier Wahrheiten und Wirklichkeiten. Und wenn ich leben darf, weiß ich auch, wozu ich ausschließlich da bin in Zukunft.

Grüßen Sie alle Bekannten. Dank für Güte und Hilfe. Und bitte beten.

Georg

An Familie Kreuser   21. Januar 1945

Liebe Freunde, es bleibt bis zum Schluß anstrengend in den
Himmel zu kommen. Jetzt sollte ich schon über eine Woche
dort sein und bin immer noch hier. — Vergelts Gott für
alle Hilfe und Güte. Gerade war Tatt(enbach) da. Ach, wie
dann die Dinge wieder plastisch werden. Wie gerne wäre
ich mit ihm heimgefahren. Aber meine Heimat ist jetzt der
steile Weg der Erwartung und Preisgegebenheit. Helft mir,
die Winde auszuhalten, solange sie ausgehalten werden
müssen, und nicht müde werden. — [...] Gute Grüße und
Wünsche an die Kinder. Ich segne alle jeden Tag, solange
ich segnen kann und darf. Nun behüt Gott und alles, alles
Gute.

    Dankbare Grüße und Wünsche

                                    Alfred

93.

An Familie Kreuser   21. Januar 1945

Liebe Freunde, die halbe Nacht habe ich dauernd das ange-
strengte und übermüdete Gesicht des treuen Tatt(enbach)
vor mir gesehen. Immer wieder mußte ich an alle denken,
die in diesen harten Zeiten der Prüfung und Bedrängnis
ihre Kraft und Mühe aufwenden, um mir zu helfen. Da der
Mann heute mit dem Eisen etwas sparsamer umgeht, will
ich die gegebene Gelegenheit ausnützen, einen heute Nacht
gefaßten Vorsatz gleich auszuführen: allen, die sich
mühen, gemeinsam zu danken, wie ich jeden Tag allen
gemeinsam meinen gefesselten Segen schicke, der doch
nicht angebunden ist, und wenn ich immer wieder aller
gedenke bei der nächtlichen Messe und bei den täglichen
Stunden des Wartens. Wenn Gott mich wirklich heimruft,
wird das eine meiner ersten Bitten an ihn sein, die Freunde,

die sich so in seinem göttlichen Anliegen, der erwiesenen Liebe, bewährt haben, auch in der Liebe zu erhalten gegen alle Gefahr, die dieser innersten Überwindung der Welt in der Welt droht. Ich weiß es aus Erfahrung, Freunde, das Dasein ist heute mehr als anstrengend und wir sind angerührt und abgespannt und doch bleibt der zwingende Ruf der Liebe. Ach, laßt uns eher überall versagen, nur in dem nicht, was den Menschen zum Menschen macht: in der Anbetung nicht und in der Liebe nicht. Der Anbetende und der Liebende: das erst ist der Mensch. Dank für alle Treue und Güte und Mühe. Es gibt da einen inneren Raum, in dem es keinen Abend gibt und keinen Abschied.

Vergelts Gott und auf Wiedersehn

Georg

94.

An Familie Paepcke   21. Januar 1945

Ihr lieben Leute, [...] Daß ich überhaupt noch lebe, ist nicht ganz normal. Eigentlich sollte ich seit dem 11. 1. abends jenseits der Sterne sein. Wie lange diese »Anormalität« noch dauert? Ob Stunden, Tage, Wochen. Auf jeden Fall danke ich Euch für viele Treue und Güte. Ich mußte so vielen Menschen so vieles schuldig bleiben. Mit mir wird es dauern. Und so lange ich noch zwischen Himmel und Erde gehen muß auf diesem äußersten schmalen Pfad und Grat, solange betet für mich. Ich bin Euch dankbar. Ich vergesse Euch nicht, solange ich noch hier bin und jeden Tag meine gefesselten Hände zum Segen heb und wenn mich der Herrgott heimholt, hoffe ich Euch bald Hilfe und freundschaftliche Treue halten zu können. — Grüße ⟨...⟩ der ersten Begegnung. Alles Gute Euch allen, besonders den Kindern Gottes mächtigen Schutz und Segen. Das Leben hat durch die letzten Ereignisse ein großes

Thema bekommen. Näheres habt ihr wohl gehört oder bekommt ihr zu hören. Alles Gute und Gottes Segen und Auf Wiedersehn

»Blutenburg«

95.

An Marianne Hapig/Marianne Pünder 23. Januar 1945

Dank[276] für alles.

Der Herrgott wird seine Lösung finden.

Beten.

Tatt(enbach) mitteilen, daß Straßenberger[277] Schulkamerad von Heinrich und dessen Bruder ist. Für Pünder[278] bete ich. Gott ist gut. Danke.

Dp.

96.

An Alfred Sebastian Keßler 23. Januar 1945

Lieber Alfred Sebastian[279],

als große Freude und Ermunterung erhielt ich heute die Nachricht von Deiner Geburt. Ich habe Dir gleich mit meinen gebundenen Händen einen kräftigen Segen geschickt, und da ich nicht weiß, ob ich Dich im Leben je

---

[276] Bestellzettel.

[277] P. Georg Straßenberger SJ (1898–1986) war von 1906–1908 in der 3. und 4. Volksschulklasse am Salvatorplatz in München mit Gebhard Himmler zusammen. »Und dieser Gebhard brachte nun jeden Tag seinen kleinen Bruder Heini, an der Hand geführt, zur Schule, der damals die 1. und 2. Klasse besuchte« (Brief an den Hrsg. vom 8. Februar 1983).

[278] Delp war in Sorge um Dr. Hermann Pünder, der im KZ Ravensbrück war.

[279] Der Sohn des Rechtsanwalts Dr. Ernst Keßler (vgl. Anm. 14) war in der Nacht vom 13. Januar 1945 geboren worden. Delp war durch den Bestellbrief vom 23. Januar 1945 darüber informiert worden.

sehen werde, will ich Dir diesen Brief schreiben, von dem ich aber auch nicht weiß, ob er je zu Dir kommen wird.

Du hast Dir für den Anfang Deines Lebens eine harte Zeit ausgesucht. Aber das macht nichts. Ein guter Kerl wird mit allem fertig. Du hast gute Eltern, die werden Dich schon lehren, wie man die Dinge anpackt und meistert.

Und Du hast Dir zwei gute Namen geben lassen. *Alfred,* das war ein König, der für sein Volk viel betete, viel arbeitete und viele harte Kämpfe gewann, die Menschen haben ihn nicht immer verstanden und ihn oft arg bekämpft. Später haben sie erkannt, was er für sein Volk getan hat und haben ihn den Großen geheißen. Das Volk Gottes aber nannte ihn den Heiligen. Vor Gott und vor den Menschen hat er sich bewährt. *Sebastian,* das war ein tapferer Offizier des Kaisers und des Herrgotts, da aber der Kaiser von Gott nichts wissen wollte, machte er aus seiner Torheit spitze Pfeile des Hasses und des Mißtrauens und ließ damit seinen Offizier zusammenschießen. Sebastian kam noch einmal zu sich, mit zerschundenem Körper und ungebrochenem Geist. Er hielt dem Kaiser seine Torheit vor, der ihn für seinen Freimut erschlagen ließ. Das aber kannst Du ja überall lesen und Deine Eltern werden es Dir längst erzählt haben, liebes kleines Patenkind. Ich will Dich nur daran erinnern, daß in Deinen Namen eine hohe Pflicht liegt, man trägt seine Namen würdig und ehrenhaft, mutig und zäh und standhaft mußt Du werden, wenn Deine Namen Wahrheit werden sollen in Deinem Leben.

Ja, mein Lieber, ich möchte Deinem Namen auch noch eine Last, ein Erbe zufügen. Du trägst ja auch meinen Namen. Und ich möchte, daß Du das verstehst, was ich gewollt habe, wenn wir uns nicht richtig kennenlernen sollten in diesem Leben; das war der Sinn, den ich meinem Leben setzte, besser, der ihm gesetzt wurde: die Rühmung und Anbetung Gottes vermehren; helfen, daß die Menschen nach Gottes Ordnung und in Gottes Freiheit leben und Menschen sein können. Ich wollte helfen und will helfen einen Ausweg zu finden aus der großen Not, in die wir Menschen geraten sind und in der wir das Recht verloren, Menschen zu sein. Nur der Anbetende, der Liebende, der nach Gottes Ordnung Lebende, ist Mensch und ist frei und lebensfähig. Damit habe ich Dir etwas gesagt, was ich Dir an Einsicht und Aufgabe und Auftrag wünsche.

Lieber Alfred Sebastian, es ist viel, was ein Mensch in seinem Leben leisten muß. Fleisch und Blut allein schaffen es nicht. Wenn ich jetzt in München wäre, würde ich Dich in diesen Tagen taufen, das heißt: ich würde Dich teilhaft machen der göttlichen Würde, zu der wir berufen sind. Die Liebe Gottes, einmal in uns, adelt und wandelt uns. Wir sind von da an mehr als Menschen, die Kraft Gottes steht uns zur Verfügung, Gott selbst lebt unser Leben mit, das soll so bleiben und immer mehr werden, Kind. Daran hängt es auch, ob ein Mensch einen endgültigen Wert hat oder nicht. Und er wird ein wertvoller Mensch werden.

Ich lebe hier auf einem sehr hohen Berg, lieber Alfred Sebastian. Was man so Leben nennt, das ist weit unten, in verschwommener und verworrener Schwärze. Hier oben treffen sich die menschliche und göttliche Einsamkeit zu ernster Zwiesprache. Man muß helle Augen haben, sonst hält man das Licht hier nicht aus. Man muß gute Lungen haben, sonst bekommt man keinen Atem mehr. Man muß schwindelfrei sein, der einsamen, schmalen Höhe fähig, sonst stürzt man ab und wird ein Opfer der Kleinheit und Tücke. Das sind meine Wünsche für Dein Leben, Alfred Sebastian: helle Augen, gute Lungen und die Fähigkeit, die freie Höhe zu gewinnen und auszuhalten. Das wünsche ich nicht nur Deinem Körper und Deinen äußeren Entwicklungen und Schicksalen, das wünsche ich viel mehr Deinem innersten Selbst, daß Du Dein Leben mit Gott lebst als Mensch in der Anbetung, in der Liebe, im freien Dienst.

Es segne und führe Dich der allmächtige Gott, der Vater, der Sohn und der Heilige Geist.

Dein Patenonkel Alfred Delp

Das habe ich mit gefesselten Händen geschrieben; diese gefesselten Hände vermach' ich Dir nicht; aber die Freiheit, die die Fesseln trägt und in ihnen sich selbst treu bleibt, die sei Dir schöner und zarter und geborgener geschenkt.

97.

An Luise Oestreicher   23. Januar 1945

LL., heute ist ein harter Tag. Nun sind alle meine Freunde und Gefährten tot[280], nur ich bin zurückgeblieben. Hier jetzt der Einzige im Eisen. Was dahintersteht, weiß ich noch nicht, vermute jedoch nichts Gutes. Aber vielleicht ist es das notwendige Verbindungsstück zum Festen?

Ich bin sehr müde vor Traurigkeit und Schrecken. Menschlich wäre es leichter, mitzugehen. Ach, das Leben geht seltsame Wege, bevor es mich wieder auf diesen oder jenen festen Boden entläßt. Hoffentlich spürt Ihr dort, wie es mir geht und helft mir viel beten in den nächsten Tagen [...]. — Am gleichen Tag, an dem die Freunde starben, erhielt ich die Nachricht von der Geburt des kleinen Alfred Sebastian. Tod und Leben grüßen sich und das ist unser Leben.

Mehr als je steht mein Leben nun absolut auf Gott. Von mir aus ist es jeder rationalen Einflußnahme entzogen. Ich bete und vertraue und übergebe und verlasse mich auf den Herrn. Ich segne Dich und die Freunde. Auf Wiedersehen

Georg

98.

An P. Franz von Tattenbach   24. Januar 1945

Lieber Tatt, gestern und heut sind schwere Tage. Helmuth und alle anderen sind weg. Nur ich bin noch da als der

---

[280] Am 23. Januar 1945 wurden von den Freunden und Gefährten Delps hingerichtet: Helmuth J. Graf von Moltke, Nikolaus Gross, Franz Sperr, Hans-Bernd von Haeften (geb. 1905), Eugen Bolz.

Einzige und Letzte im »Eisen«. Was das heißt? Es ist beinahe eine Bestätigung und zugleich eine furchtbare Einsamkeit. Der Sinn ist wahrscheinlich der eindeutig vermutete, noch nicht der von Dir angestrebte. Aber vielleicht langt auf diese Art und Weise die Zeit. Aber warum ich ohne Helmuth? Ob es ein verlängerter Kreuzweg ist? Oder das Zwischenstück zum festen Boden?

Ich kann heute nicht viel schreiben, ich bin müde von Traurigkeit und auch von Unruhe, trotz allem Reiten übern Bodensee. Mit den anderen gehen wäre wahrscheinlich leichter gewesen als dieses Übrigbleiben, aber es ist so. Und wenn es das Wunder gibt, müßte es so kommen. Hoffentlich kommt ihr dort auf den guten Gedanken, die nächsten Tage sehr viel für mich zu beten.

Grüßen Sie alle Freunde und Bekannten. Wie gestern Dank und allen Schutz und Segen Gottes. Ach, wenn man der Weltgeschichte doch Beine machen könnte. Man sieht doch, wo sie hinläuft. Warum nicht 14 Tage früher?

Alles Gute, Freund. Auf Wiedersehn, so oder so

Bullus

99.

An Marianne Hapig/Marianne Pünder   24. Januar 1945

Ihr guten Leute, das war ein böser Tag gestern und heute. Es wäre leichter gewesen, mitzufahren nach Plötzensee als plötzlich diese Einsamkeit des Schicksals aushalten zu müssen. Gemeint ist mit diesem Urlaub vom Galgen gewiß keine Wohltat, aber vielleicht ist dies das Verbindungsstück zum Wunder, das aus gehässiger Absicht gebaut und zum guten Ende benutzt wird. — Bitte helfen Sie mir die nächsten Tage viel beten. Mit Helmuth und den andern ist viel Hilfe weggegangen. Ich bin jetzt noch der einzige hier, der das Eisen trägt. Ist etwas bekannt über die Hintergründe dieser Schnelligkeit und der Ausnahme?

An P(ünder) die besten Grüße und Wünsche. Sie soll mir etwas von ihrem Kummer schenken, ich schenke ihr auch von meinem Kreuzweg manche Station. Ich glaube, bei unserm Wiedersehen (wann?) — sind wir alle andere Menschen geworden.

Mit der Verständigung etc. nach München etc. wird's jetzt auch schwerer. Da man ja auch für die Andern Sachen braucht: Fräulein Würflein[281] kann Pakete von der Medikamentenfabrik, bei der sie tätig ist, aus an das Krankenhaus schicken. Bitte unter Umständen nach München melden. — Ach, manchmal möchte man der Weltgeschichte Beine machen. Man weiß ja doch, wo sie hinläuft. Warum nicht 14 Tage früher. — Bitten Sie auch die Mitbrüder in diesen Tagen um sehr viel Gebet. — Am 15. 2. 43 hat die Urbi den Brief geschrieben, den Sie ja inzwischen gesehen haben. Herzlichen Dank und Gottes Segen und Schutz.

Max

100.

An Marianne Hapig/Marianne Pünder   26. Januar 1945

Bis[282] jetzt ist *ein* Sinn[283] schon sichtbar.

Helfen Sie weiter beten.

Im letzten Brief Georgs ist Verkehrsmöglichkeit mit München[284]. Ansonsten kann der Vater von Alfred Sebastian helfen[285].

---

[281] Fräulein Hildegard Würflein, die Delp von der Jugendarbeit in St. Georg/Bogenhausen her kannte, hatte »Beziehungen« zu einer Medikamentenfabrik.

[282] Bestellzettel.

[283] Es geht um den Sinn der Verhaftung von P. Rösch. Woran Delp dachte, ist nicht klar.

[284] Vielleicht eine Anspielung auf Prof. Dr. Valjavec (vgl. Anm. 147).

[285] Vgl. Anm. 14.

101.

An P. Franz von Tattenbach   26. Januar 1945

Lieber Tatt, diese Woche war die härteste von all den vielen
Wochen. Die Traurigkeit über den Tod der Freunde, das
Erschrecken über die Nähe und Konstanz dieser Logik
des Unheils, die Ausweisung auf den eigenen Weg, die
Nachricht über August: dies alles hat sehr müde gemacht
und die Müdigkeit machte anfälliger für das Erschreckende
und Aussichtslose der Situation, obschon ich doch gerade
heute die Ausweisung aus dem gemeinsamen Schicksal er-
lebt habe, daß der Herrgott die neue Not zum Instrument
der Hilfe machen kann. Ich fasse diese harte Woche als
eigentliche Pflicht auf, weiter zu glauben, zu beten und zu
hoffen. Am 11. I. war es so und jetzt am Dienstag wieder.
Vielleicht ist dies doch der Knüppeldamm übers Moor, auf
eine brauchbare Strasse. Vielleicht auch nur der Anschluß
an die Fruchtbarkeit Deiner Unternehmungen.

Schade, daß es so wenig Verbindungsmöglichkeiten
gibt, sonst würde ich jetzt mehr als sonst ums Gebet bitten.
In seiner harten Parallelität muß ich das deutsche Schicksal
teilen. Ich will es wandeln im Opfer.

Behüt Dich Gott. Und danke für alle Treue und Liebe

Bullus

102.

An Marianne Hapig/Marianne Pünder   26. Januar 1945

Ihr guten Leute, das war eine harte Woche. Ich glaube, die
härteste von allen. Trotz der sichtbaren Verweisung auf
einen eigenen Weg. Manchmal würde man sehr gerne für
eine Stunde abschalten. Aber das gerade geht ja nicht. Dazu
hat mir Bu(chholz)[286] die Phantasie verdorben, indem er

---

[286] Vgl. Anm. 206.

mir mitten in dem Abschiedsschmerz um die anderen hinein genau erzählte, wie es beim Aufgehängtwerden zugeht. Ich bin der Meinung, es genügt vollauf, wenn ich das an Ort und Stelle erfahre. Na, auf jeden Fall weiß ich es jetzt. Und habe ich es zu einer unguten Stunde erfahren. Schlucken, Herz muß weiter schlagen. Bitte Bu(chholz) nichts sagen. Aber manche Sachen muß man einmal sagen. Dann ist man es los. Ich sehe ja jetzt den ganzen Tag keinen vernünftigen Menschen.

Nächste Woche ist Herz Jesu-Freitag und Marientag zugleich. Bitte beten. — Die Messe vom Sonntag[287] ist ein Gebet für uns alle und für mich auch. Die eine Hälfte stimmt genau, hoffentlich die andere auch[288].

Ich glaube, es hängt viel davon ab, daß August[289] lange die Nerven behält und stumm bleibt. Bitte P(ünder) grüßen, ich vergesse sie nicht. Sie selbst nicht und ihre Sorgen nicht. Behüt Sie alle Gott,

Ihr dankbarer Max

103.

An Luise Oestreicher   26. Januar 1945

LL., diese Woche war die härteste und elendeste Zeit seit Juli. Der Tod der Freunde, besonders Helmuths, ist an sich schon bitter. Dazu das so nahe und grausame Erlebnis der Logik des Unheils, des Vernichtungswillens bis zuletzt. Und dann wieder dieses so eigenartige Übriggelassen-werden. Ich fühle mich dadurch neu verpflichtet, zu leben und zu

---

[287] Sonntag Septuagesima.

[288] Introitus: Psalm 17,5; Graduale: Psalm 9,10 – 11; 19 – 20; Zwischengesang: Psalm 129,1 – 4; Offertorium: Psalm 91,2; Kommunionvers: Psalm 30,17 – 18.

[289] P. Rösch wurde nicht mehr vor den Volksgerichtshof gebracht. Er kam kurz vor der Eroberung Berlins durch die Russische Armee aus dem Gefängnis am 25. April 1945 frei und kehrte nach einer abenteuerlichen »Reise« durch ein zerstörtes Deutschland am 8. Juni 1945 nach München zurück.

hoffen. Obwohl es mir noch nie so schwer gefallen ist, wie diese Woche. Hinter der »Ausnahme« steht keine gute Absicht. Aber der Herrgott kann auch aus krummen Prügeln einen Knüppeldamm übers Moor bauen. Mehr brauch ich ja nicht.

Schade, daß jetzt die Verbindung so schwer ist. Mehr als je würde ich Euch ums Gebet bitten. Aber Ihr seid schon da und helft mir, gelt.

Plage Dich nicht so sehr, ich habs jetzt genug getan. Ach, wenn man ab und zu abschalten könnte. Aber die Unermüdlichkeit ist eine Tugend, die gerade durchs Nicht-Abschalten lebendig und wirklich wird und hilft.

Alles Gute, Liebe. Zugleich einen guten Sonntag. Nur 70 Tage bis Ostern und das Gebet: pro tui nominis gloria misericorditer liberemur. Gott segne Dich.

Georg

104.

An Marianne Hapig/Marianne Pünder   30. Januar 1945

Beten[290] und glauben.
Danke.

Dp.

[290] Dies ist der letzte Bestellzettel und gleichzeitig die letzte Nachricht Delps.

Die »Im Angesicht des Todes« enthaltenen Texte Delps sind auf die folgenden Einzeleditionen verteilt: